천천히 걸어도 되겠습니다

천천히 걸어도 되겠습니다

양창성의 발자취

파란하늘

책머리에

　봄, 여름, 가을, 겨울, 어김없이 찾아오는 계절의 한 어귀에서 문득, 나를 돌아본다. 소실점으로 멀어지는 나의 지난날들. 꿈결처럼 지나간 세월이 진한 그리움으로 다가온다.

　촘촘한 연륜에 새겨진 기억들. 이런저런 사연들로 참 많이도 스쳐 간 인연들. 돌아보니 모두가 아름다운 추억이 되었다. 때로는 울퉁불퉁하게, 때로는 거칠게 숨을 몰아쉰 적도 있지만, 그때마다 다행히 일어설 수 있는 의지와 용기가 남아 있어서 지금 여기까지 왔다.

　나만의 보폭으로 한 걸음 한 걸음씩, 건너뛰거나 뒷걸음질 치지 않고 뚜벅이처럼 묵묵히 걸어왔다. 특별할 것도, 과시할 것도 없이 그저 보통의 이름을 가진 한 사람으로서 과분한 욕심도, 넘어설 수 없는 욕망도 가져본 적 없이 평범하게 주어진 만큼에 만족하며 살아왔다.

　흐르는 물처럼 요란하지 않게 조용히, 하루하루 내 역할에 충실했다. 심적으로 물적으로 조금의 여유가 생기면 가능한 만큼 나누고 봉사하며 내가 사는 지역 사회에 작은 힘이라도 보탬이 되고자 노력했다.

　밤하늘의 별만큼, 바닷가의 모래알만큼 내가 찍어온 수많은 발자국들. 그 발자국들 하나하나에는 나의 노력과 땀과 열정이 가득 고여 있을 것이다. 한순간도 그냥 스쳐 지나간 발자국이 없을 만큼 나름대로 열심히, 치열하게 살아왔다고 자부한다.

　이제는 느슨하게 긴장을 풀어도 되는 나이. 지나간 시간을 돌아보며, 다가올 미래도 가늠해 볼 수 있는 나이가 되었다. 자연스럽게 허물을 이해하고 어려움을 배려할 수 있는 여유도 생겼다.
모두가 나이가 가져다주는 크나큰 은혜라는 생각이 든다.

아직도 기억에 생생하거나 혹은 잊힌 인연들까지도 떠올려 본다. 누군가를 기억한다는 것은 나누어 준 그늘을 기억하거나, 내가 그 그늘에 들어 커다란 위로를 받았던 기억을 되살리는 것이다. 나이는 그냥 먹는 게 아니다. 하나하나 그에 걸맞은 값을 치르고 지금 여기에 서 있는 것이다.

창문을 열면 지저귀는 새소리, 밝게 쏟아지는 햇살, 부드럽게 불어오는 바람. 낯설지 않게 마음껏 누릴 수 있는 지금 이 순간이 얼마나 소중하고 행복한가. 이제는 흐르는 구름처럼, 흔들리다 잦아드는 저 바람처럼, 내 안의 거친 호흡들을 다독이며 차분하게 하루하루를 맞는다.
이제 내게 남겨진 보이지 않는 날들도, 더도 덜도 말고 지금처럼 유순하게 흘러가기를 소망한다. 지금까지 나를 있게 한 주변의 모든 분들과 작은 인연으로 맺어진 한 사람, 한 사람에게도 감사의 마음을 전한다. 특히, 내 목숨과도 같은 사랑하는 가족들에게 뜨거운 마음을 전한다.

"고맙고 사랑한다!"

차례

1부 위대한 보통 사람들

이를 어째? … 18

AJ 토목과의 만남 … 20

화성토목이라는 이름으로 … 24

IMF란다 … 28

꿈은 이루어진다 … 32

그림 같은 집을 짓고 … 36

까치밥 … 40

만년 4위, 그 후 마라토너로 … 44

로보캅 나무 … 48

OOO가? … 52

선수와 훈수꾼 … 54

서비스 없는 식당 … 58

2부 무지개를 쫓던 시절

무지개 따러 가자 … 64

양 씨네 둘째 아들로 … 68

누구나 사연 하나쯤은 … 72

동네 공짜 목욕탕 … 76

사춘기가 뭐지? … 78

고교 신학 … 82

딸기 서리 … 88

단벌 신사, 그 이름은 최 의사 … 92

어버이날 … 96

3부 더 넓은 세상으로

입대와 부OO콘 … 104

육군 제2하사관학교 입교 … 108

육군 포병학교 후반기 교육 … 112

자대 배치, 그리고 3년 … 114

전역, 고향 앞으로 … 118

예비군 훈련, 특별한 에피소드 … 122

삼 형제 … 126

외화벌이 … 130

열사의 나라, 사우디아라비아 … 134

아라비아의 감옥 … 138

가족을 생각하며 … 142

사막에 피운 꽃 … 146

4부 더불어 함께 하는 삶

어느 날 갑자기 주민자치 회장으로 … 154

몸이 굽었는데 어찌 그림자 곧기를 바라겠는가 … 158

세월의 흔적은 본인의 몫이다 … 162

당신은 시의원 후보 … 166

OO복지 후원회장 … 172

바르게 살기 운동 … 176

작은 힘이 모여 이룬 기적 … 180

백 고무신 누님 표 고추장 … 184

신내림을 받아야 … 188

쌀이나 한 포대 갖다 먹어라 … 190

바로 보고 제대로 살자 … 194

5부 인터뷰 & 컬럼

은서 양 돕기 통해 따뜻한 화성의 마음 알린 게 자랑스러워 … 199

굶는 노인에게 매일 밥 퍼주는 남자 … 205

새해에는 더 행복하고 건강한 삶을 이루시길 … 209

'민원허가과' 신설 필요하다 … 213

어르신들 자부심 가지고 공경받을 수 있는 제도적 장치 보완 … 219

향남읍 노송 아세요? … 225

역사가 담긴 우표 수집가 양창성 작가 … 230

6부 사색의 숲

가루의 위치 … 238

때를 맞추기가 쉽지는 않지 … 240

물가유감(勿加惟減) … 242

알기는 아는 거냐 … 244

삶은 예술이다 … 246

변화 … 250

사라지는 것들 … 252

50km, 30km 속도제한 … 256

하루에 감사하다 … 259

발을 내려다보지 말고 별을 올려다보자 … 260

오적어묵계(烏賊魚墨契) … 262

7부 그렇고 그런 날들의 행복

그 심정이 어떠했을까 … 268

공 한번 치러 가세! … 272

얼추 맞습니다 … 276

진짜로? … 280

가려진 얼굴들 … 282

코로나19 예방접종기 … 284

큰 간판과 개인의 차이 … 288

시대 유감 … 292

소도(蘇塗) … 296

최신형 휴대폰으로 바뀌었지 … 298

특별한 경험 … 302

8부 흐르는 강물처럼

봄의 예찬 … 310

산을 오름 … 312

세입자가 맞네 … 316

품격 … 320

8·15 특사 … 322

너는 너답게 나는 나답게 … 326

염색(染色) … 328

건강에는 선수가 없다 … 330

금일 경과 보고 … 334

인생은 별거다 … 338

가족 여행 … 342

부록 … 348

1부

위대한 보통 사람들

'몸풀기' 최상의 컨디션을 유지하기 위해 국민생활체육 화성시 육상연합회 동호인들이 몸을 풀며 스타트 시간을 기다리고 있다.

1부 위대한 보통 사람들 · 17

이를 어째?

휴대폰이 어디 있지?

안경은?

휴대폰은 왼쪽 손에 쥐어져 있고 안경은 콧등에 얹혀 있다.

휴대폰과 안경은 이미 외출 준비가 완료되었건만, 행차 준비할 때 물건 챙기느라 늘 벌어지는 일이다.

세월의 흐름 속에 무뎌진 몸과 마음이 보이는 각각의 반응이다.

새벽의 어둠을 가르고 배달된 신문을 펼치기 전, 오늘은 뭐부터 읽을까를 살짝 고민한다. 하루의 시작이니 오늘의 운세부터 읽을까? 아니면, 엊저녁까지 무슨 일들이 일어났는지 사회면부터 읽을까? 일은 열심히 피마르고 뼈 빠지게 하는데 삶은 왜 이다지 팍팍한가…? 경제면부터 읽을까?

참, 걱정도 팔자다. 어디서부터 읽으면 어떤가.

그냥 페이지 순서대로 읽으면 되지. 아니, 그것도 좋지만 밋밋하니까 오늘은 깔끔하게 맨 뒷면부터 읽자.

사방이 고요한 새벽.

신문 한번 펼치는데도 갈등과 고민이 뒤엉키는데, 하물며 천차만별의 삶을 영위해 가는 일상에서는 얼마나 많은 번민과 걱정거리가 교차할지.

오늘의 운세.

'저절로 얻어지는 게 없고, 기쁜 일은커녕 되는 게 없다'라는 일진이다.

오늘 하루는 매사에 조심하고 주의를 기울이며 경거망동하지 말고, 특히 부적절한 일에는 절대 가담을 하지 말아야겠다.

하긴, 저절로 되는 일이 어디 있겠냐.

'세상에 공짜는 없다', '공짜는 신의 은총뿐이다'라고 했건만, 현실은 꼭 그렇지만도 않은 것 같다.

신의 은총도 간절한 기도가 밑받침이 돼야 받을 수 있고, 복권도 구매를 해야 행운과 요행이라도 기대해 볼 수 있는 일 아니냐.

이제는 어쩔 수 없이, 관공서 민원 서식지의 생년월일 기입란(?)에 휴대폰 번호를 신중하게 꾹꾹 눌러 적는 사람이 품격 있는 나이의 어르신이란다.

AJ 토목과의 만남

1982년 7월, 2년간의 해외 근무를 마치고 귀국했다.

마침 여름철이었으므로 당분간 쉬기로 하고 8월까지 아무 생각 없이 집에서 쉬기도 하고 여름휴가도 가고 그동안 찾아뵙지 못한 처가에도 다녀오고 했다.

여름이 끝나고 9월이 되니 슬슬 초조해지기 시작했다.

내가 출국 전에 하던 사무실은 다른 사람에게 넘기고 간 터라 좁은 바닥에서 다시 설계사무실을 낼 수는 없었다. 게다가 이참에 직종을 한번 바꿔볼까 하는 마음의 갈등이 일었다. 다른 일을 찾자면 무슨 일? 밤잠도 안 오고 머릿속이 실타래가 엉킨 것처럼 복잡해졌다.

그때, 안면이 있는 지인이 발안에 금성가전 대리점을 냈는데, 영업부장 자리를 제의해 왔다. 월급도 그럭저럭 괜찮았다.

영업부장. 처음 해보는 일이었지만, 기대도 되고 의욕도 앞섰다. 하지만, 막상 업무에 돌입하고 보니 말이 영업부장이지 실제로는 전자제품을 운송, 배달까지 해야 하는 운전직 임시 직원이었다.

게다가, 3개월이 지나니 그분, 안면을 싹 바꿔 월급까지 삭감했다. 나름 지역의 터줏대감으로 안면을 내세워 영업실적도 많이 올렸건만, 나를 철저히 이용만 한 것 같은 배신감이 밀려왔다.

역시 이 분야는 내가 할 일이 아니라는 생각이 들어 미련 없이 그만두었다.

일이 잘 풀리려고 그랬는지, 안면은 조금 있었으나 그리 친분은 없던 S 씨가 오산 지역에 토목설계사무실을 개업하는데, 설계실장으로 근무할 용의가 있느냐고 제의가 들어왔다.

마땅한 사람을 찾지 못해 수소문을 하던 중, 주변의 여러 사람으로부터 나를 추천받았다고 한다. 그렇게 해서 S 소장님과의 인연이 시작되었다.

창업 당시에는 S 소장님과 나보다 대여섯 살 위인 측량 전문가 둘, 이렇게 세 사람이 동업 형식으로 출발했다. 하지만, 토목설계를 해본 경험이 있고 또 그 일을 할 수 있는 사람은 오직 나 한 사람밖에 없었다.

대표자 S 씨는 당시 화성군청 지적계에서 오랜 기간 근무를 하다가 사표를 내고 개인사업을 시작한 분인데, 첫인상이 매우 좋았다.

얼굴은 늘 서글서글하게 웃는 상으로 조용한 성격에, 언어는 얌전하고 교양 있게 구사했다. 언뜻 보면 성직자가 딱 어울릴 것 같은 타입이었다.

반면에, 두 측량 기사님은 건설 현장에서 막노동을 하다 들어온 사람처럼 거친 면이 있었다. 세 분이 친구 사이라고 하는데, 완전히 격이 다르고 결이 달랐다. 주특기가 측량이라서 어떤 측량도 척척 해결하는 베테랑들이었지만, 역시 마음이 맞지 않아 한 달 반 만에 사무실은 'AJ토목설계공사'라는 이름으로 S 소장님 1인 체제로 재탄생했다.

개인적으로 내게는 참 잘된 일이었다. 상사를 세 분 모시는 것보다는 한 분만 모시는 게 훨씬 수월하기 때문이다. 그 후, 10년 동안 S 소장님과 나는 큰 갈등 없이 서로의 직무에 충실하며 명실공히 그 부분에서는 독보적인 존재로 사업을 성장시켰다.

　처음 사업을 시작할 때 S 소장님도 많이 불안하셨을 것이다. 어느 날 내게 하소연 겸 걱정 겸 속마음을 털어놓으셨다. 그 말이 지금도 생생하게 기억이 난다.

　"양 실장, 나는 더 이상 숨을 곳도 도망칠 곳도 없는 처지야. 그러니 우리 앞으로 온 힘을 다해서 번듯하게 사업을 키워 나가도록 열심히 노력해 보자고.
　사람은 인물과 체면이 좋아야 하듯, 사무실은 새 건물로 옮겨서 깨끗하고 깔끔하게 꾸며 새마음 새기분으로 출발해 보세."

　이사 간 사무실의 위치는 당시 화성군청 정문 앞, 막 지어진 새 건물 2층이었다.
　사무실을 오픈하자마자 고등학교 후배 3명을 기사로 채용하고 서류 준비와 장부 정리 업무를 맡겼다.
　그리고 경리 업무를 담당할 여직원도 채용하여 순식간에 직원이 6명으로 늘었다. 그 당시 설계사무실의 근무 인원은 보통 4명 정도였는데, 그 기준으로 보면 내가 근무하는 사무실은 6명으로 정원 초과였다.
　S 소장님의 말씀인즉, "애들도 다 제 밥그릇 차고 태어나듯 사무실 직원들도 다 제 밥벌이는 하게 돼 있는 법이지."라는 긍정적인 말로 직원들을 격려했다.
　거짓말처럼 사무실 이전 후 업무가 폭주했다. 하루 8시간으로 계약된 업무로는 그 물량을 감당하기 벅찼다. 퇴근 시간 후, 간단히 저녁 식사를 하고 여인숙에 방을 잡아서 새벽 3시까지 설계를 했다.

잠도 잠깐 자는 둥 마는 둥 눈만 붙이고 일어나 해장국 한 사발로 아침을 때우고 얼굴에 찬물을 끼얹어 고양이 세수를 하고 다시 사무실에 출근하고…. 이런 상태를 한 달 정도 반복하니 체력이 고갈되어 정신도 혼미해지고 얼굴도 창백하게 핏기가 가셨다.

하지만, 사무실은 날로날로 번창하여 월급이 매달 10만 원씩 올랐다. 돈이 문제가 아니었지만, 그래도 젊은 혈기로 맡은 바 책임을 다하기 위해 군소리 없이 함께해 온 직원들에게 S 소장님은 모든 공을 돌리며 '너무 고생했다'고 치하를 아끼지 않았다.

나도 고교 선배라는 이유로 불평 한마디 안 하고 무조건 따라와 준 그때 그 시절 후배들에게 정말 고마웠다는 말을 뒤늦게나마 전한다.

화성토목이라는 이름으로

AJ 토목 설계사무실에서 그럭저럭 10년을 근무했다.

나도 소장님도 정말 혼신의 힘을 다해 일했다. 그 결과 사무실은 잘 돌아갔고 매출도 기대 이상으로 늘어 유일하게 우리 사무실만 공무원들과 똑같이 분기별로 보너스도 지급됐다.

하지만, 모든 것이 파장 곡선을 그리는 법, 10년 정도 상승 곡선을 타던 사무실 운영이 조금씩 조금씩 어려워졌다.

그런 상황에 높은 월급을 받고 있는 것도 조금 민망하기도 하고, 나 역시 언제까지 남의 사무실에서 실장으로 있어야 하는지 회의도 슬슬 들기 시작했다.

그 당시 나는 토목설계사무실 운영에 관한 노하우와 설계 업무에서는 화성 지역에서는 타의 추종을 불허할 만큼 독보적인 베테랑급에 속했다.

그때 마침, 리비아에서 5년 동안 해외 근무를 마치고 귀국한 고향 후배 W가 인사차 나를 찾아왔다. 그 친구와 의기투합해서 '화성토목설계사무실'이 설립되었다.

"형님이 추진하는 일이라면 무조건 합류하겠습니다."

고맙게도 W는 내 의견에 흔쾌히 수락을 했고 먼저 업무를 시작했다.

나는 의리상 한 달 동안 AJ 사무실의 인수인계를 해주고 떠나오기로 했다.

아주 민망하고 죄송스러운 마음으로 창업을 말씀드렸더니, S 소장님은 진심으로 축하를 해주셨다.

"그동안 정말 수고 많이 했다. AJ 사무실이 이만큼 성장한 것은 모두 자네 덕이야. 그렇지 않아도 이런 능력을 가진 사람을 계속 실장으로 데리고 있는 것이 미안해서 어떻게 해야 하나 고민하고 있던 참이네. 축하하네. 아울러 잘해 나갈 거라고 믿네."

그리고 창업에 보태 쓰라며 하얀 봉투 하나를 주셨다. 당시에 퇴직금을 받고 퇴직한 사례는 설계사무실 쪽에서는 전무후무한 일이었다.

집에 와서 아내에게 봉투를 건넸더니, 아내가 놀라서 눈이 커다래졌다.

'일천만 원'

그 당시의 화폐 가치로 환산해 볼 때 어마어마한 금액이었다.

그만큼 그분은 인격적으로 큰 사람이었고 그동안 나를 깊이 신뢰하셨다.

벌써 30여 년 전의 일이다.

내 사무실을 운영하면서 정말 어려운 일도 많이 겪었다. 초창기의 시행착오는 물론, 그 와중에 늦깎이 대학생이 되어 대학을 졸업했고 유례없는 IMF를 맞아 바닥을 전전하기도 했다. 저를 키워준 소장을 배신하고 따로 사무실을 차렸다고 주변으로부터 안 좋은 소리도 많이 들었고, 단골

고객을 빼돌렸다고 억울한 누명도 많이 썼다.

하지만 나는 떳떳하다. 그럴 마음은 추호도 없었으며 나 스스로의 힘으로 일어서 보려고 혼신의 힘을 다해 노력했다. 물론 창업부터 지금까지 30여 년간 그 어려움을 같이 견뎌낸 W의 도움이 없이는 불가능했을 것이다.

2001년, 화성군이 시로 승격하면서 화성시청이 있는 남양으로 이전했다. AJ토목 사무실도 함께 옮겼다. 처음에는 모두가 자리를 잡느라고 정말 고생을 많이 했다.

2010년경부터 140여 개가 넘는 토목설계사무실 연합회장을 맡아서 일을 했다. 한 달에 한 번씩 하는 회의에 S 소장님이 오셔서 흐뭇하게 바라보시며 무언의 격려를 보내주셨다.

이제는 내 나이도 70이 되어 원로 축에 들었고 그분 역시 원로로서 아직도 그 자리를 지키고 계신다.

내가 지금의 자리에 있기까지 심적으로 큰 힘이 되어 주신 AJ 설계사무실 S 소장님께 심심한 감사의 말씀을 드린다.

"정말 고마웠습니다. 그 고마운 마음을 늘 가슴속 깊이 간직하고 있습니다."

IMF란다

1997년 국가가 파산될 위기에 몰렸다.

뭐가 문제인지 일반 국민들은 그런 엄청난 상황을 전혀 알 길이 없었던, 어리둥절하고 위기감만 팽배하던 시절이었다.

국가에 돈이 씨가 말라 국제 금융기관인 IMF에서 돈을 빌려와 다른 나라에 진 빚을 갚아야 한단다.

국민들은 열심히 일하고, 열심히 세금 내고, 열심히 살아온 죄밖에 없는데, 도대체 어디서부터 잘못된 건지 도무지 알 수가 없다. 우리 국민들의 장점은 예나 지금이나 위기 상황에 잘 대처하고 결집이 잘된다는 것이다.

범국민적으로 대대적인 금 모으기 운동이 벌어졌다.

누가 강요한 것도 아닌데, 가지고 있던 금반지와 목걸이, 팔찌, 행여 닳을까 봐 아끼고 아끼던 결혼 패물, 심지어 아이들의 백일, 돌 반지까지 들고나왔다.

나라를 위해 나의 조그만 힘이라도 보태겠다고 이른 아침부터 자발적으로 줄을 서서 금을 갖다 바쳤다. 정말 눈물겨운 광경이 아닐 수가 없었다.

우리 집에서도 우리 부부와 아들 것까지 있는 것 없는 것 죄다 긁어모아 30여 돈을 나라 살림에 보탰다. 섭섭함보다는 너른 안목으로 큰일을 했다는 뿌듯함이 가슴 뻐근하게 밀려 올라왔다.

이런 마음은 비단 나뿐만이 아닐 것이다. 우리 국민 대부분이 같은 심정이었을 것이다.

이런 상황 속에서 지역의 K 선배님이 엄청난 제안을 해왔다.
대학에 진학해 공부 좀 더 하라고. 더 공부해서 지역을 위해 크게 의미 있는 일을 좀 해보라고.

"아우야, 금년도에 H대학교에 입학해서 공부 좀 하고 4년 후에는 우리 지역을 위해 봉사를 좀 하자. 그러니 이런저런 조건 따지지 말고 일단 입학원서를 내고 면접을 봐라."

느닷없는 제안에 앞뒤 생각할 겨를도 없이 덜컥 원서를 내고 대학이라는 또 다른 사회에 입성을 했다. 그리하여 그 선배는 '지역사회개발학과'에, 나는 '도시행정학과'에 늦깎이 대학생이 되었다.

IMF 시기, 생업도 버거운 판국에 막상 학교에 들어가고 보니 등록금 조달도 막막했다. 그뿐만이 아니라 일과 공부를 병행한다는 게 여간 어려운 일이 아니었다.

한참 현장 업무를 보다가도 시간이 되면 학교로 뛰어가야 했고, 굳어진 머리를 회전시켜 학과 공부를 따라가려니 현기증이 났다. 하지만 여기서 또, 다시 멈출 수는 없는 일, 이를 악물고 난관을 극복해 나가자고 다짐했다.

한 학기가 지나고 한 학년이 지나갔다. 어느 정도 학교생활에 적응이 되었고, 어렴풋이 앞길이 보이는 듯했다.

'그래, 이왕 하는 거 제대로 해서 사회에 꼭 필요한 일꾼이 되자.'

다행히 2학년 때부터는 성적이 좋아 4학년을 마칠 때까지 계속해서 장학금을 받게 되었다. 물론 장학금 대부분은 학우들 저녁 식대로 지불됐지만 그게, 뭐, 대수냐. 기분만은 천하를 얻은 듯 뿌듯했다.

유일하게 C학점이 하나 있었는데, 그 경위가 참 재미있다.

채플 과목이었다. 수원 모 교회 목사님이 담당 교수님이셨다.

학기가 끝나갈 무렵 교수님이 학생들에게 물었다.

"앞으로 교회에 다닐 사람?"

여기저기 예닐곱 명이 손을 들었다.

"안 다닐 사람?"

"저요!"

눈치도 없이 무슨 배짱으로 그렇게 호기를 부렸는지, 그 과목이 C학점이었다.

나는 솔직한 게 죄라면 죄였다. 한 번도 교회에 다녀야겠다고 생각한 적이 없었기 때문이다. 학과목은 학과목일 뿐, 그 과목을 이수했다고 해서 꼭 교회에 나가란 법은 없지 않은가.

갈수록 공부가 재미있어졌다. 모르던 또 다른 세상이 펼쳐지고 나름 사회에 나가 어떤 일을 펼쳐야 할지 사명감도 뒤따랐다. 마치 세상이 나를 위해 마중을 나온 것 같았다.

이렇게 재미있는 공부를 왜 중·고등학교 시절에는 등한시했었는지….

대학교를 졸업하고 교문을 나서며 K 선배와 나는 지역 사회를 위해 아낌없이 젊음을 불태우자고 의지를 다지고 또 다졌다.

전례 없는 불황 속에서 사업과 병행해 공부에 매진했던 것이, 다행히도 IMF를 이겨낼 수 있는 한 방편이 되었던 것 같기도 하다.

꿈은 이루어진다

86아시안게임과 88올림픽을 지나면서 대한민국은 눈부시게 발전해 선진국의 문턱에 이르렀다.

GNP도 늘어나 국민들의 생활 수준은 몰라보게 윤택해졌고, 나와 같은 일반 서민들의 재산도 어느 정도 불어났다.

생활에 여유가 생기니 그 무렵부터 우리에겐 소망이 하나 생겼다. 24평 연립주택에서 벗어나 마당에 파란 잔디가 깔린 전원주택을 꿈꾸게 되었다. 우리는 그 목표를 이루기 위해 아끼고 아껴 통장에 찍힌 숫자를 키워 나갔다.

그렇게 10여 년, 자그마한 땅을 사서 아담한 단독주택을 지을 만큼의 돈이 모아졌다. 아내는 틈만 나면 통장을 들여다보며 언제 그 꿈을 실현시킬지 하루하루 꿈에 부풀어 지냈다.

주말이면 여기저기 땅을 보러 다니기도 했다.

그런데 IMF가 터졌다.

갑자기 정전이 된 것처럼 세상이 깜깜해졌다.

갈수록 사무실 운영이 어려워졌다. 아예, 수입이 될 만한 일거리가 뚝 끊겼다. 처음 몇 개월은 머지않아 예전의 상태로 돌아가지 않을까 하는 기대감으로 버텼다. 직원들의 월급은 집에서 야금야금 가져다 해결했다.

또 몇 개월을 버티다가 눈물을 머금고 직원들의 수를 줄였다. 정말 못할 일이었다. 이런 사정을 훤히 아는 어느 직원은 스스로 사무실을 그만두었다. 그런 상황을 고마워해야 할지, 안타까워해야 할지 판단도 무뎌졌다.

우리의 꿈이었던 전원주택을 위해 뭉쳐 두었던 금액이 한 달 한 달이 지날수록 얄팍해졌다. 거의 일 년 동안 그 상황이 반복되고, 통장의 잔고도 바닥을 드러낼 즈음, 드디어 아내가 폭발했다.

"집에 있는 돈 가져다가 직원들 월급 주지 말고, 다 같이 굶어요!"

그런 와중에 교차로에 올라와 있는 매물이 눈에 띄었다. 저수지가 내려다보이는 남향 바지의 100평의 땅. 우리가 물색하던 바로 그 조건의 땅이었다. 공교롭게도 그 땅은 우리가 오며 가며 늘 눈독을 들이던 곳이다.

그런데 수중에 그 땅값을 지불할 만큼 돈이 남아 있지 않았다. 매물은 마음에 들고 돈은 없고, 그때의 그 처참한 심정을 어떻게 표현할까.

그때, 아내가 비장한 결심이라도 한 듯 힘을 주어 말했다.

"우리 그 땅 삽시다."
"돈은?"

아내는 말없이 통장을 내밀었다. 있는 돈과 합하면 충분히 그 땅을 살 만한 돈이 들어 있었다.

아내는 그동안 집에서 공부방을 운영하고 있었다. 초등학생과 중학생을 대상으로 논술과 영어를 지도했다. 꼭 돈이 목적이 아니라 재능 기부를 한다는 마음으로 시작한 일이었지만, 결과적으로는 목돈이 모아진 것이다. 난 단 한 번도 그 돈에 대해 물어보지 않았고, 아내 또한 얼마큼의 돈이 모아졌는지 말한 적이 없었다. 그런데 이렇게 큰돈이 모아졌을 줄은 꿈에도 생각하지 못했다.

잔뜩 드리웠던 먹구름이 걷혔다. 한 줄기 햇살이 구름을 뚫고 환하게 내리쬐었다.

1998년, 그렇게 그 땅은 우리의 소유가 되었고, 우리의 소망이었던 전원주택의 꿈이 반은 이루어진 셈이었다.

토지 대금 5천만 원. 아내에게 차용증은 써주지 않았지만, 나는 구두로 내가 그 돈을 빌리는 것으로 했다. 이자까지 두둑이 쳐서 꼭 갚겠다고.

하지만, 25년이 지난 지금까지 나는 그 돈을 갚지 못하고 있다.

그림 같은 집을 짓고

2000년 4월 5일.

집터를 장만한 지 2년 만에 드디어 집을 짓기 위한 첫 삽을 떴다.

1층 34평, 2층 16평, 합계 50평의 분홍색 이층 벽돌집이었다. 건축비는 이미 지불된 땅값 5천만 원을 제외하고도 평당 300만 원으로 1억 5천만 원이 들어갔다.

수천억 갑부가, 고관대작이, 전혀 부럽지 않았다. 세상을 다 얻은 것 같은 기분에 구름 위를 둥둥 떠다니는 것 같았다.

우리는 물질적 부자는 아니었지만, 마음만으로는 누구에게도 뒤지지 않을 만큼 갑부였기 때문에 그 정도로도 넘치도록 성취감을 만끽했다.

3개월여 만에 집이 완성되었다. 앞마당에 잔디를 깔고 집을 빙 둘러 정원도 꾸미고 보니, 그림 같은 집이 바로 거기에 있었다.

조경 전문가의 도움으로 감나무와 모과나무, 목련과 금슬화, 비단 단풍, 둥글고 나지막한 반송까지 심고 나니, 당장이라도 새가 날아들 것 같고, 흘러가던 구름도 잠시 쉬어갈 것 같았다. 파라다이스가 따로 없었다.

들뜬 마음으로 출장 뷔페를 불러 이틀 동안 집들이를 했다. 터줏대감인 그 동네 분들과 가깝게 지내던 지인분들, 일가, 친척, 초·중·고·대학 동창들, 몸담고 있는 각종 모임의 회원들에게 그동안의 고마움의 표시로 넓은 집에서 식사를 대접하고 싶은 마음에서였다.

하지만, 솔직히 말하면 이렇게 멋진 전원주택을 보여주고 싶은 마음도 없지 않았다.

지인으로부터 전원주택 입주 축하 선물로 받은 하얀 시추 강아지가 파란 잔디 위를 종횡무진 뛰어다니는 모습은 마치 영화 속에서나 나올 법한 멋진 장면을 연출했다. 바로 우리가 오랫동안 꿈꾸어 오던 전원주택의 모습이었다.

봄이면 뾰족뾰족 돋아나는 새싹을 보고 환호성을 질렀고, 여름이면 쏟아지는 빗소리를 들으며 밤늦도록 정원을 내다보았다. 가을이면 노랗게 익어가는 모과를 땄고, 겨울이면 나뭇가지에 쌓이는 눈을 바라보며 낭만을 노래했다.

그때까지만 해도 더 이상의 주거지 이동은 없을 거라고 생각했다. 하지만, 생각지도 않았던 변수가 장애로 다가왔다. 바로 텃세였다.

원주민들에게 나는 '발안에서 이사 온 뜨내기 놈'으로 정체성이 굳어졌다. 나름 동네 어르신들을 예의를 갖춰 대접하고 동네 행사에도 빠지지 않으려고 노력을 했지만 역부족이었다.

하루는 동네 반장 일을 보고 계시는 분이 밤늦게 만취 상태로 찾아왔다. 발로 대문을 걷어차며 고래고래 소리를 질러댔다.

"양창성, 너 이놈 당장 나와! 네가 그렇게 잘났어?"

막 잠이 들려다 말고 깜짝 놀라 뛰어나갔다. 밑도 끝도 없는 행패에 당황스럽고 화도 났지만, 참을 수밖에 없었다. 나는 외지인이었으니까.

"아이고, 형님. 약주가 과하셨네요. 얼른 들어가 주무세요."

그 댁 사모님이 따라와 가까스로 반장님을 진정시켜 모시고 돌아갔다. 그 후로도 몇 차례 비슷한 사례가 반복되었다. 개가 짖는다고 대문에 돌을 던지고, 집 앞에 있는 외등 불빛이 너무 환해서 농작물이 안 된다고 항의를 해왔다.

하지만, 그런 분들은 극히 일부였고 주변의 다른 분들은 친절하게 우리를 이웃으로 받아들여 주셨다. 바로 앞집의 이 씨 아저씨, 그 아랫집 김 씨 아저씨, 골목을 돌아 한 씨 아주머니, 생맥줏집 손 여사님, 성은 기억이 안 나지만, 국밥집 아주머니 등은 정말 기억에 남을 정도로 잘 해 주셨다.

사이사이 서운한 점도 있었지만, 낭만과 추억을 가득 담은 채 십삼 년을 살고 그곳을 떠나기로 했다.

언제까지나 함께 살 줄 알았던 아들이 결혼을 해서 독립을 하고 보니, 우리 두 내외에 살기에는 집이 너무 컸다. 그러다 보니 난방비도 만만치 않았고, 십 년이 넘어가니 여기저기 손볼 데도 생겨났다.

갈등을 겪고 있는 중에 마음을 굳히게 되는 결정적인 사건이 벌어졌다. 4, 5년 전부터 우리 집에 들어와 살던 개를 떠돌이 개라고 동네 사람들이 복날에 잡아먹은 것이다. 그때부터는 갈등을 할 이유도 없어졌다. 무조건 집을 팔고 떠나기로 했다.

2013년 8월 5일. 우리는 그곳을 떠나 지금의 아파트로 이사했다.

나나 아내나 너무 잘한 선택이라고, 아무런 미련도 없다고, 지금의 이곳에서 아주 편하게 잘 살고 있지만, 꼭 자식을 떼놓고 떠나온 것처럼 마음 한구석이 허전하기도 하다.

봄이면 흐드러지게 피어나던 산수유와 목련, 여름 내내 피고 지던 장미와 백합, 가을이면 싸아- 하게 향기를 품어내던 국화.

가끔 드라이브를 핑계 삼아 그쪽으로 한 바퀴 돌고 온다.

그때마다 아내는 추억에 젖는다.

"우리 집, 아직도 잘 있네."

까치밥

아파트나 단독주택이나 나름대로 장단점이 있지만, 단독주택이 훨씬 더 자연 친화적이다.

일단 마당이 있으니 땅을 밟을 기회가 많아서 좋고, 정원이 있으니 각종 나무가 우거져서 좋고, 나무가 우거지니 새들이 몰려와서 좋았다. 아침마다 까치가 와서 울어주고 참새 떼들이 바글바글 모여들어 제집 앞마당인 양 재잘거렸다.

어느 날 그것들한테 주려고 발안 장날 노란 기장 한 되를 사다가 신발장 서랍에 넣어 두었다. 아침마다 기장을 한 줌씩 마당에 뿌려주곤 했는데, 어느 날 기장 봉지가 감쪽같이 사라졌다.

그날 식탁에 올라온 밥에 노란 기장이 잡곡으로 섞여 있었다.

"아니, 당신은 잡곡을 사 왔으면 주방으로 가져와야지 왜 신발장 서랍에 넣어 놓았어요?"

"범인이 바로 당신이었어? 한참 찾았잖아. 그건 밥에 넣어 먹는 잡곡이 아니라 까치하고 참새들 먹이야."

"그런 거야? 난 그것도 모르고…. 어쩐지 새들이 아침마다 떼 지어 몰려오더라."

아내와 나는 한참을 깔깔대고 웃었다.

매일 아침 먹이를 주니 바글바글 몰려올 수밖에.

그런데 새들이 워낙 많이 몰려들다 보니 불상사도 생겼다.

통유리로 된 거실 창에 하늘과 구름과 나무들이 얼비치다 보니 새들이 심심찮게 부딪혀 부상을 당하거나 심지어 죽기까지 하는 것이다.

덩치가 큰 새들은 나는 힘과 속도가 크다 보니 부딪히는 순간 충격도 커서 거의 살아나지 못했다. 반면에 작은 새들은 부딪혀 바닥에 떨어져도 잠시 기절을 했다가 부스스 일어나 다시 날아올랐다.

이런 이유로 마당 끝에 있는 꽃밭에 새들을 묻어주는 장례식을 치른 적이 한두 번이 아니다.

장마철에는 참새들이 잎이 넓은 감나무 아래로 몰려들어 비를 피하는데, 그 모습이 꼭 내가 어렸을 때 비를 피하려고 처마 밑에 뛰어들던 모습을 연상케 했다.

가을이 되면 단감을 한 자루 사다가 가느다란 철사로 감나무에 주렁주렁 매달아 놓았다. 겨울 동안 까치들이 먹을 까치밥이었다. 우리 감나무는 아직 어려서 열매를 맺지 못하기 때문이다.

감을 다 수확하고 나서 까치를 위해 일부러 몇 개 남겨 놓았던 선조들의 지혜를 흉내 내어 보는 재미도 그런대로 괜찮았다. 그런데 내 생각엔 까치를 위해 남겨 놓았다기보다는 너무 높아서 못 딴 게 아닐까 하는 불손한 생각이 들기도 한다.

아무튼 감이 주렁주렁 매달린 걸 아니, 매달아 놓은 걸 보고 지나가는 사람들은 "아유, 키는 작은데 감이 참 실하게도 열렸네." 하며 신기해했다.

창문 바로 앞에 있는 나무에 자리를 잡은 새 둥지를 들여다보다가 그 안에 갓 부화한 어린 새끼가 있는 것을 보고 깜짝 놀란 일이며, 우거진 목련나무에 주먹만 했던 말벌집이 날이 갈수록 커져 축구공만 했다가 나중에는 흥부의 박만큼 커지기도 했던 동화 같은 일들이 모두 전원주택에 살던 때의 추억으로 남아 있다.

그 집을 떠나온 지 벌써 십 년이 흘렀다.
우리가 이사 나온 뒤 까치밥은 누가 챙겨줄까.

만년 4위, 그 후 마라토너로

달리기라면 단거리를 잘 뛰는 스프린터가 있고, 오래 뛰었을 때 빛을 발하는 마라토너가 있다.

초등학교 시절 운동회 날.
나는 단 한 번도 3등 안에 들어보지 못했다. 해보나 마나 예외 없이 4등이었다.
따라서 3등까지 상품으로 주는 공책을 한 권도 받아본 적이 없다.
아무리 뛰어도 내 앞엔 어김없이 3명이 꼭 있었다.
그래서 즐겁고 가슴 설레야 할 운동회 날이 썩 반갑지 않았다.
전교생이 청군과 백군으로 나누어져 어쩌다 내가 소속된 팀이 이겼을 경우, 단체상으로 공책 한 권이 주어지면 그것으로 만족했고, 그나마 졌을 경우에는 쓸쓸한 빈손의 운동회 날이었다.

1986년 가을쯤, 86아시안게임과 88올림픽 게임의 기념비적 환영과 축하 분위기 속에 지역에 조기축구회가 창단되었다. 축구는 과격한 운동이라서 마음이 내키지 않았지만, 지역 선배님들의 서슬 퍼런 눈길을 피할 수 없어 억지춘양으로 가입을 했다.
동네 축구는 기본기는 제쳐두고 일단 뜀만 잘 뛰어도 절반은 먹고 들어간다. 전형적인 동네 축구의 특성이다.

주력과 끈기, 상대를 얕잡아보는 허세, 이렇게 삼박자만 갖추면 부동의 포지션은 꿰찬다. 기본 체력을 보충하고 주력을 높이기 위해 30분 일찍 운동장에 나가 후배 K와 함께 달리기를 시작했다. 운동장에서 약 3km 떨어져 있는 관리 삼거리까지 뛰어갔다가 오는 기초운동을 일주일에 5회 정도 규칙적으로 하였다.

우리가 뛰는 관리 고개는 그리 만만치 않은 코스로, 우리 지역에서는 꽤 긴 언덕과 내리막길로 이뤄진 난코스다. 새벽부터 저절로 어우~ 소리가 터져 나올 정도로 체력을 고갈시키고 진을 뺐다.

지금이야 자동차의 통행량이 많아 그 길에서 달리기를 한다는 것은 매우 위험한 일이지만, 그때만 해도 왕복 30분 정도 뛰는 시간에 스쳐 지나가는 차량은 겨우 한두 대 정도밖에 없었다. 따라서 달리기 연습에는 최고 조건의 자연 훈련장이었다.

3개월 정도 반복적으로 언덕을 왕복한 결과 기초체력은 물론 주력까지 붙어 명실공히 동네 축구선수로 환골탈태를 하였다. 또한, 주전으로서 붙박이 포지션을 꿰찼으며, 부수적으로 10km 정도 거리의 마라톤은 가쁜 숨소리 하나 없이도 45분 이내에 돌파할 수 있는 마라토너로서 거듭났다.

그때부터 나는 뛰는 것 자체에 두려움이 없어졌고, 폭풍 질주 그 자체가 되었다.

지역 행사 마무리엔 어김없이 10km 마라톤 대회가 열렸는데, 반환점을 돌다 보면 내 앞에 뛰는 선수는 단 한 명도 없었다. 8년 동안 1등을 유지했고, 그 후로는 내 뒤를 쫓는 선·후배님께 미안해서 아예 마라톤 대회에 출전을 안 했다.

조기 축구 기초체력 만들기의 준비운동으로 시작한 마라톤 덕분에 화성시의 로고가 인쇄된 마라톤 복장으로 전국 규모의 마라톤 대회에도 대여섯 번이나 참가했던 독보적인 젊은 날의 마라토너였다.

집안에서는 밥이 끓는지 죽이 끓는지 안중에도 없었고 오직 축구와 마라톤에 올인했던 내 젊은 날. 상위 순위에 도취되어 10여 년을 그렇게 원 없이 뛰었던 결과, 지금은 무릎 연골이 거의 다 닳아 준환자 신세로 전락하였다.

과유불급.

뭐든 적당하게 했어야…. 지나치면 안 하니만 못하지. 암만, 그렇고말고.

돈도, 권력도 건강한 체력도 있을 때 아껴야지, 다 쓰고 나면 아낄 것도 없나니.

아, 그래도 그 시절이 나의 최고의 전성기였었다

로보캅 나무

우와!

대단하다.

멋지다.

기기묘묘하다.

아직은 봄의 문턱이 저만치 아련하게 보이는 2월 중순.

사각 분(盆)에 고목의 장엄함과 거목의 특성을 두루 갖춘 한 그루의 매화나무가 꽃망울을 터뜨렸다. 보는 이들이 이구동성으로 탄성을 자아낸다.

사계절의 눈비와 바람과 안개와 서리를 오롯이 맞고 때가 되면 스스로 피어나는 자연 속의 일부가 아닌, 인간의 욕망에 의해 억지로 만들어진 花(꽃)가 아닐 수 없다.

분재.

나무를 심어 그 거목(巨木)의 특성과 정취를 축소시켜 가꾼 것이란다.

자연을 존중하고 사랑하는 마음이 너무 절실해서, 집 안으로 들이기 위해 짜낸 교묘한 방법일까. 힘의 논리로 강요된 굽혀지고 비틀어진 형상이 감탄을 불러일으킬지는 몰라도, 내 눈에는 왠지 약자의 설움으로 보이니, 내가 너무 오버하는 걸까?

아무튼, 나는 이런 이유에서 분재를 좋아하지 않는다.

본체부터 잔가지까지 굵고 가는 철사로 배배 꼬고 빙빙 돌려 묶고 고정하여 나무의 자연스러운 성장 발육을 억제하고, 나무 자체의 의지와는 무관하게 인간의 상상 속에서 설계된 형태대로 긴 세월을 그렇게 생육되어야만 하는 나무가 너무 불쌍해 보인다.

나무의 무게보다 철사의 무게가 더 무거워 보이는 애처롭고 애달픈 형상. 그 옛날 역모라는 죄를 뒤집어씌워 목에 칼을 채우고 형틀에 수족을 붙들어 맨 수형자들의 모습이 떠오른다.

인간들이 범접할 수 없는, 나무들에게도 생각할 수 있는 그들만의 세계가 있다면 얼마나 비참하고 굴욕적인 심정일까.

물론, 여러 사람이 각자 생각하는 가치관이 일치될 수는 없다. 교정과 성형 차원에서 일시적인 불편함을 감수하고 더 나은 생리학적, 정형학적 효과를 기대할 수는 있다.

하지만 인간은 자의적 결정에 의해 단기간의 물리적 압박을 견디지만, 오로지 인간의 욕망을 위해 온 생을 볼모로 자연물에게 강요하는 이런 행위는 과연 옳은 일인가를 생각하게 한다.

한 치의 오차도 없이 똑같은 크기와 모양으로 키워낸 호박.

둥글거나 길쭉한 타원형 수박이 아닌, 틀에 맞춰 찍어낸 듯한 사각 수박.

한 포기에 4~5개만 달리도록 맞춤화된 고구마.

꽃이 지고 열매가 맺힐 즈음, 신축성 없는 규격화된 비닐 캡을 씌워 원하는 모양과 크기로 자라도록 한다. 이렇게 생육되어 출하된 농산물이 상품 가치가 높고 아울러 비싼 가격에 거래가 될 것이다.

　우리 마을 어귀에 있는 조경회사 끝자락에 묶고, 조이고, 당기고, 받쳐진 철갑 소나무가 있다. 애국가 2절에 나오는 '남산 위에 저 소나무 철갑을 두른 듯'한 모습이지만 결코 위풍당당한 모습은 아니다.

　속리산 입구의 정이품송을 롤 모델화하여 로보캅 소나무를 제작하려는 목적이겠지만, 그렇게 강제로 만들어지는 모습이 애절하고 처절해 보인다.

　저렇게 틀을 씌워 모양을 만들어 낸들 과연 그 소나무가 정이품송이 될까.

　한눈에 봐도 일명 짝퉁이고 유사품일 뿐, 그 과정에서 힘든 것은 오로지 그 소나무일 뿐이다.

　이제는 제법 살 만한 세상이 아닌가.

　이제는 자연을 구속하지 말고 구속에서 해제시키자.

　아니, 어쩌면 먹고살 만하기 때문에 자연마저 내 마음대로 하고 싶어 하는지도 모르겠다.

　자연은 필요에 의해 개발하되 인간과 상생할 수 있는 방법을 도모해야 할 것이다. 그것이 자연을 보호하는 방법이기도 하다. 그것이 전혀 실현성 없는 나만의 염원인지는 모를 일이지만, 한 사람 한 사람의 뜻이 모아지면, 결코 불가능한 일이 아닐 거라고 믿는다.

　인간의 힘을 필요로 할 때만 보호하고 가꾸어 주면, 반드시 자연은 우리에게 혜택을 돌려줄 것이다. 내가 거창한 환경 보호주의자는 아니지만, 누구나 자연을 대하는 기본적인 마음만은 가져야 한다는 생각이다.

　내가 보기 좋다고 옴짝달싹도 못 하게 철사로 꽁꽁 동여매는 일은 웬

만하면 하지 않기를.

'자연은 자연스러울 때 가장 아름답다.'

실천은 하지 않으면서 말잔치는 요란하다.
물론, 상품 광고성 문구에나 활용하는 이중적인 표현이다..

OOO가?

'술 취해 소리를 지르거나 큰 소리로 노래를 부르는 것을 사자성어로 뭐라고 하는지 빈칸을 채우시오.'

이 문제에 대한 초등 저학년생의 엉뚱한 시험 답안이라며 떠도는 얘기가 있다.

'아빠인가?'

기대한 답 '고성방가'를 무색하게 만든 이 말이 폭소와 함께 덤으로 즐거움을 안겨준다.

각박한 세상 속에서도 윤활유 역할을 해주는 미소(微笑)는 삶의 양념이며 원동력이다. 티 없이 맑고 깨끗한 어린 아기들의 '해맑은 웃음'이야말로 무엇과도 비길 수 없는 삶의 활력소가 된다.

2020년 도쿄 올림픽 높이뛰기에서 우상혁 선수가 4위로 경기를 마치고 나서 활짝 웃는 얼굴로 씩씩하고도 절도 있게 거수경례를 했다. 비록 메달은 놓쳤지만, 최선을 다했다는 그 자부심 가득한 웃음에 국민들은 진한 감동을 받았다.

웃음에도 여러 종류가 있다.

이렇게 다른 사람들로 하여금 기쁨을 주고 희망을 주는 긍정적인 에너지의 웃음이 있는가 하면, 상대를 아주 가소롭게 보고 비웃는 듯한 조소(嘲笑)와 냉소(冷笑)가 있다.

모든 사람이 전혀 납득할 수 없어 터져 나오는 헛웃음은 그나마 애교로 봐줄 수 있다. 가당치도 않은 일을 엉뚱하게 우겨댈 때 나오는 웃음인 실소(失笑)는 차라리 측은하기까지 하다.

'일소일소 일로일로(一笑一少 一怒一老)'란 말이 있다.

웃을수록 젊어지고 성낼수록 늙는다는 말이다.

어이가 없어 고개를 젖히고 하늘을 보며 웃는 앙천대소(仰天大笑)보다는, 웬만하면 같은 대소(大笑)라도 즐거운 낯으로 호탕하게 웃는 탤런트 최불암의 전매특허인 파안대소(破顔大笑)가 훨씬 좋지 않을까.

웃음이라고 다 같은 등급으로 평가해서는 안 된다.

시쳇말로 상대를 무시하는 '썩소'보다는 진심 어린 마음으로 내보이는 '미소'가 서로를 즐겁게 함은 물론, 우리가 사는 이 사회를 더욱 밝게 만들지 않을까 생각된다.

선수와 훈수꾼

 옛날이나 지금이나 동네 작은 축구장은 휴일 오전부터 동네 축구의 열기로 후끈 달아오른다.
 아무리 친목을 도모한 친선 게임이라고 하더라도 어느 팀이나 승부욕이 대단하다. 양 팀 모두 아마추어팀임에도 불구하고 어느 정도의 수준이 있는 팀끼리 만나게 되면, 직접 참가하는 선수들의 몸놀림이 예사롭지 않다.
 또한, 축구장 하얀 선 밖의 관중석에서도 해설과 함께 선수 개개인에 대한 평가가 시작된다. 그 사람의 장단점 평가에서부터 시작하여 주량, 학력, 경력, 나중에는 축구 실력과는 아무런 관계가 없는 인간관계까지 총망라되어 칭찬과 책망이 버무려진 공허한 훈수가 경기 내내 이어진다.
 전반전 경기 종료 후 10분간 휴식 때는 감독보다 나이가 많은 동네 선배가 순수한 관중 입장이 아닌, 선배의 위치를 강력하게 내세워 감독에게까지 훈수를 둔다. 전반전에 대한 평가와 후반전을 대비해야 하는 전략과 전술을 일방적으로 지시한다. 감독이 진지하게 듣지 않고 귓등으로 건성건성 흘려듣는 것과는 관계없이….
 모두가 동네 축구장이기 때문에 가능한 일이다.

 동네 축구경기장에 거의 빠짐없이 출석하고 참관하시는 동네 축구 해설가 겸 훈수꾼 P 모 선배가 있다.

동네 조기축구 경력은 20년이지만, 실전에서 주전 자리라고는 꿰차 본 적이 거의 없다. 어쩌다 봄 가뭄에 어렵사리 콩 나듯 드문드문했던 단 몇 번의 경험으로, 마치 전적이 국가대표 축구선수라도 지낸 것처럼 화려하게 과장해서 벌이는, 흡사 아무 말 대잔치에 가까운 실황 중계가 정말 재미있다.

이렇게 열성을 다해 실황 중계와 함께 해설까지 곁들인 자칭 타칭 객원(?) 축구 감독인 선배님의 지난날은 본인의 자부심만큼 전혀 화려하지도 않았을뿐더러 아무도 기억하지 못한다는 것이 그저 안타까울 뿐이다.

하지만, 지역의 축구 해설가로서 독보적인 평가와 전략가로 인정을 받고 있다고 나름 긍지를 지니고 있다.

이런 지역의 선배에게 그 많은 축구 전략과 전술은 언제 실전에 활용해 보셨냐고 여쭤보면,

"축구장이라는 게 원래 실전에 강한 선수와 훈수에 강한 관중이 적절하게 버무려져야 그 열기와 효과가 상승되는 법이지."라며 함빡 웃으신다.

맞다.

세상의 일이라는 게 볼트와 너트처럼 딱 맞게 결합되는 것이 얼마나 되겠나.

대단히 우수한 선수들에게도 개인 트레이너가 있듯이, 세계적인 명의와 명장들도 학습과 훈련으로 조련을 시키는 스승이 존재한다. 흔한 말로 세상은 실전가와 훈수꾼의 영역이 어느 정도는 분리되어 공존하는 것이

다.

그러니까 각자의 영역에서 맡겨지고 실행해야 하는 능력의 역할이 분명하다는 이론이다. 하지만, 감독과 코치와 훈수꾼은 그 해박한 이론을 앞세워 현업에서도 우수한 실력이 발휘될 거라는 보장은 아주 희박하다.

따라서 실전에 강하고 탁월하게 우수했던 선수들이 반드시 명쾌하고 좋은 훈수꾼과 감독이 된다는 보장도 없다.

시골 동네 우수한 명장 반열의 감독과 코치 그리고 선수와 관중 사이에 출몰하는 입담 센 훈수꾼들의 상호 관계는 결코 서로에게 민폐를 끼치지 않는다는 것이다.

단지, 보고 듣는 이로 하여금 그 경기에 흥미를 갖게 하고, 작은 불씨에 부채질하여 더 큰 재미를 만들어 내는, 없어서는 안 될 존재임을 부정할 수 없다.

그들만이 인정하는 운동경기장에서 귀한 존재로 대접을 받는 '경기력 향상 기술자'들인 것이다.

그 입담 센 훈수꾼들은 지금도 화성시 80대 축구단의 일원으로 주 3~4회 나름대로 흰머리 휘날리며, 힘 빠진 다리 절룩거리며 파란 인조 잔디 깔린 축구장을 산책하듯(?) 뛰고 있다.

지역의 '최장수 어르신 축구단'이다.

서비스 없는 식당

 그는 상냥하지는 않지만 그렇다고 쌀쌀한 것도 아니었다.
 미소는 띠었지만 그리 환한 얼굴도 아니다.
 단골일 수도 있지만, 아닐 수도 있는 내게 무미건조하게 나름 표정 인사는 그냥 하는 편이다.
 굳이 잘 지냈냐는 두루뭉술한 안부 인사는 생략하고, '저쪽으로 대충 알아서 앉아' 하는 표정으로 턱을 옆으로 치켜 방향을 가리키면 끝이다.

 늘 이런 식의 분위기 속에 적응이 되어 오히려 불편함도 갑갑함도 없이, 오히려 그것이 자연스럽고 부담이 없다.
 이는 턱짓하는 쥔장과 이러한 분위기에 거부감 없이 출입하는 손님과의 정서가 딱 맞아떨어지는 관계로 이미 익숙해진 무언의 농익은 습관이다.

 차림이 한 가지뿐이라서 별도의 주문과 대화가 이어지지 않아도 인원에 알맞은 대, 중, 소 중 쥔장이 임의로 알아서 대충 담아낸다.
 하지만 이렇게 대충 담아내는 것 같아도, 담아내는 냄비는 손님에게 꼭 맞춤이다.
 투박한 손으로 밑반찬 대충 식탁에 늘어놓고 물기 흐르는 매운탕 냄비를 가스 화구에 대충 자리매김하여 얹어놓으면 이후엔 손님 몫이다.

냄비 수평 잡고 가스 불 점화하고 늘어놓은 밑반찬을 정렬한 후, 부지런히 수저통을 뒤져 숟가락과 젓가락을 무늬 맞춰 세팅하고 목마른 손님은 개별적으로 '물은 셀프'로 알아서 착착 진행한다.

이렇게 서로 알아서 순조롭게 진행이 되다 보니, 식당 쥔장과 손님은 불평불만이 있을 수 없다. 식당 쥔장이 손님을 부른 것도, 그렇다고 초대한 것은 더더욱 아니기 때문이다.

단지, 손님은 쥔장의 투박한 손으로 마련된 해물탕이 입속에서 합주되는 오묘한 바다의 향연에 매료되어, 이미 마약 중독자들처럼 자발적으로 찾아오는 군상들이기 때문이다.

팔팔 끓는 얼큰한 매운탕에 윤기 나고 기름진 쌀밥 한 사발 뚝딱 말아먹는 깊은 미락 향수에 젖으면, 그 이상도 그 이하도 아닌 뿌듯함으로 근거리에 있는 사람들은 물론, 수십 리 길도 마다하지 않고 찾아오는 것이다.

허름했지만 맛 하나는 일품이었던 그 매운탕집 자리엔 시대의 흐름에 맞춰 현대식 고층 건물이 들어섰다.

겉모습은 투박했지만, 반쯤 비워진 매운탕 냄비에 가스 불을 다시 지피고 잡어 한 움큼을 더 넣어주던 쥔장은 이미 고인이 되셨으리라.

초가을 문턱에 스산하게 비 뿌려지는 오늘, 불현듯 지난날의 겉보기에 허름했던 인접 읍내의 매운탕집이 생각나는 것은, 이쯤 나이가 되고 보면 세월과 인생의 삶이 함께 뒤섞여 끓여지기 때문인가 보다.

2부

무지개를 쫓던 시절

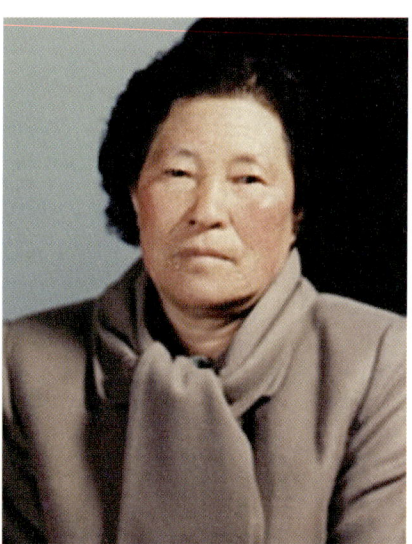
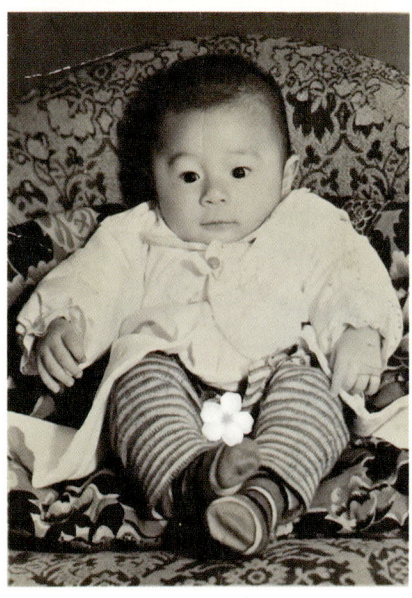
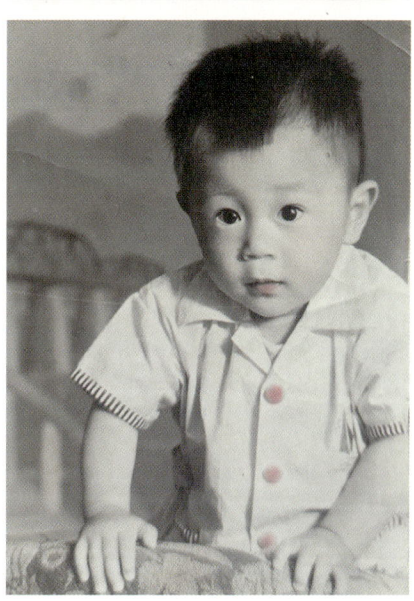

무지개 따러 가자

누구에게나 유년은 그리움으로 기억된다.

시간을 거슬러 그곳으로 가면, 흑백필름으로 펼쳐지는 우리의 고향이 있고 천둥벌거숭이로 뛰어놀던 우리의 어린 시절이 있다.

1960년대, 나의 유년 시절. 지금의 잣대로 바라보면 참으로 열악한 환경이었다. 대략 20여 호가 옹기종기 모여 있던 동네엔 거의 초가집이었고 기와집은 서너 채가 될까 말까 했다.

하지만, 우리는 그런 환경 속에서도 결코 불행하다고 생각하지 않았다. 더 나은 삶을 살아 본 적이 없고, 그 어떤 것과 비교를 해 본 적도 없으니까 사실 불행이 뭔지도 몰랐다. 모두가 그렇고 그런 삶을 살았으므로 서로서로 의지하고 어울려 주어진 환경에 만족하며 살았다.

그때는 이웃 간에 서로 벽이 없었다. 너와 내가 모여 우리가 되고 앞집과 뒷집이 담장을 맞대고 이웃이 되었다. 그 속에서 꿈을 키우고 미래를 향해 앞으로, 앞으로 나아갔다.

초등학교 고학년쯤 되었을까?

한여름 느닷없이 쏟아지는 비를 쫓아 천방지축 뛰어다녔다. 고개는 하늘을 향하고, 눈은 감고, 다리는 갈지자로 이리저리, 팔은 전천후 바람

개비처럼 사방으로 돌리고, 허공을 향해 허우적대며 무작정 달렸다.

입은 모양에 관계없이 있는 대로 크게 벌리고, 비 볼따귀를 사정없이 맞으며 비를 맛보았다.

그때의 비의 맛은 어떠했을까?

뛰다가 물구덩이를 만나면 그냥 냅다 뛰어들었다.

맨발이든 운동화를 신었든 장화를 신었든 모두 고인 물구덩이로 뛰어들어 사정없이 첨벙거렸다. 아이들의 습성은 그때나 지금이나 물만 보면 첨벙거리고 싶은 것이 본능인가 보다.

고인 물구덩이 속에 무슨 신비로움이 숨겨져 있어 아이들을 끌어당기는 건지, 첨벙거림으로 튀기는 물방울을 행위예술로 승화시킴인지, 그 행위는 시대를 거슬러 지금까지 어린아이들에게 승계되어 반복되고 있다.

딱히 놀잇감이 없던 그 시절엔 단지, 무료한 일상에 휘몰아친 특별한 상황을 놓치지 않고 하나의 놀이로 받아들였을 뿐, 아무런 목적도 의도도 없었다. 그렇게 우리는 너나 할 것 없이 자연 속에서 자연의 일부분으로 성장했다.

비가 그치고 나면 앞산에 무지개가 걸렸다. 그 무지개에 홀려 언덕을 넘고 들판을 가로질렀다. 아무리 달려도 무지개는 또 저만치 물러나 있고.

무지개 너머엔 꼭 무언가가 있을 것 같았다. 그 '무언가'가 정확히 무엇인지는 알 수 없었지만, 막연하게 기대하는 우리의 미래일 수도 있고 우리 앞에 펼쳐질 꿈과 희망 같은 것이 아니었을까.

한 번도 잡아본 적은 없지만, 평생 그 무지개는 사라지지 않고 늘 나의 눈앞에서 아른거렸다. 아무리 힘들고 고달파도 언젠가는 무지개가 뜨겠지, 그 무지개를 쫓다 보면 더 나은 삶이 기다리고 있겠지. 그때 따지 못했던 무지개는 아직도 닿을 듯 말 듯, 먼 곳에서 우리를 유혹하고 있다.

부모들에게 지청구를 먹으며 혼쭐이 나던 그때의 그 개구쟁이들은 육십여 년이 지난 지금, 어엿하게 초로의 노신사들이 되어 각자 제 위치에서 지역의 어른 행세를 하고 있다.

푸르게 자라 풍성한 그늘을 드리우는 나무처럼, 우리도 이제 제 그늘 속에 모든 것을 품을 수 있는 나이가 되었다.

그 비결이 신비롭기만 하다.

양 씨네 둘째 아들로

1956년, 전후 베이비붐 시대에 양 씨네 둘째 아들로 태어났다.

원래 돌림자는 준(俊) 자였지만, 무슨 이유에선지 창성(昌成)이란 이름을 붙여주셨다.

내가 태어난 생가는 평리 80번지다. 몇 번의 재건축을 거쳐 지금까지도 사라지지 않고 누군가가 살고 있다. 그곳에서 열다섯 살까지 살다가 불당골이라고 불리던 동네에 있는 더 작은 집으로 이사를 했다. 내 기억으로 살고 있던 집을 80만 원에 팔고 22만 원에 허름한 집으로 갔다. 그리 넉넉하지 않던 가세가 더 기울어진 탓이다.

열네 살 위의 형과 여섯 살 위의 누나는 첫째 아들과 첫째 딸이라는 이름으로 대접을 받았다. 내 밑으로 태어난 네 살 아래 여동생은 막내딸로, 여섯 살 아래 남동생은 막내아들로 확고부동하게 자리를 굳혔다. 위로도 아래로도 딱 중간 위치인 나는 아무런 존재감이 없었다.

아마 내가 슬그머니 없어진다 해도 아무도 눈치채지 못했을 것이고, 설령 없어진 걸 안다 해도 아무도 찾아 나서지도 않았을 것이다.

이렇게 나는 형, 누나, 여동생, 남동생을 고루 가졌음에도 늘 외톨이라는 느낌을 지울 수가 없었다.

나는 집에서나 밖에서나 있는 듯 없는 듯 조용한 아이로 성장했다.

학교에 가서도 그 성격은 큰 변화가 없어서 특별히 친한 몇몇 친구들을 제외하고는 별반 어울려 다닌 기억이 없다. 그렇다고 공부에 취미가 있어서 성적이 특출난 것도 아니고, 뛰어나게 잘하는 특기 하나도 가지고 있지 않았다.

공부를 잘한다는 것과 못한다는 것에 대한 개념이 전혀 없었고, 있는 집과 없는 집에 대한 구분도 전혀 이해하지 못했다. 그냥 누구누구로만 기억했고, 그 아이의 이름을 붙여 누구누구네 집으로만 구분했다.

나중에 생각해 보니 나의 이런 무관심이 오히려 긍정적인 쪽으로 내 성격을 형성하는 데 도움이 된 것 같다.

그때나 지금이나 어떤 상황에서든 자존감이 떨어지지는 않았다. 누구누구는 그냥 OO일 뿐이고, 또 다른 누구누구는 또 다른 OO일 뿐이었다. 너는 너, 나는 나, 참 편리하고 합리적(?)인 구분법이었다.

그러니 공부 잘하는 친구에게 전혀 기죽을 필요도 없고, 조금 더 부자인 아이들이 전혀 부럽지도 않았다.

그저 조용히 학교에 가는 시간이면 학교로 향했고, 학교가 끝나면 집으로 돌아왔다.

말썽을 일으켜 동리 어른들에게 꾸중을 들어 본 적도 없고, 반대로 말을 잘 들어 칭찬을 받아 본 적도 없다.

이런 나를 아버지는 당신 외모를 제일 많이 닮았다는 이유로 그나마 다른 형제들보다는 조금 더 챙기셨던 것 같다.

형제간에 의견이 충돌하면 자초지종을 묻지도 않고 내 편을 들어 주었고, 아주 가끔이긴 하지만 과일이나 간식을 다락에 숨겨 놓으셨다가 아무도 몰래 슬쩍 내 손에 쥐여주기도 했다.

"왜 이렇게 국이 짜?"

"아버지, 괜찮은데요."

"응, 으응? 그렇구먼. 짜지 않구먼."

아버지는 이런 식으로 나를 신뢰했다. 융통성도 없고 표현력도 없으신 아버지가 내게 보인 최고의 애정 표현이었다.

내가 성인이 된 후, 집안의 대소사가 있을 땐 어머니도 형님도 제쳐 놓고 나를 의지하셨다.

"창성이한테 물어봐."라거나, "창성이하고 상의해서 해." 하는 식으로 서서히 나는 아버지를 대신해 집안의 모든 결정권을 갖게 되었다.

아버지가 떠나시고, 지금의 내 나이가 그때의 아버지의 나이를 훨씬 넘긴 지금까지도 나는 그 역할을 계속하고 있다.

양 씨 집안의 둘째 아들로 태어나 별 존재감 없이 자랐지만, 그런대로 내 몫을 톡톡히 하며 살아온 셈이다.

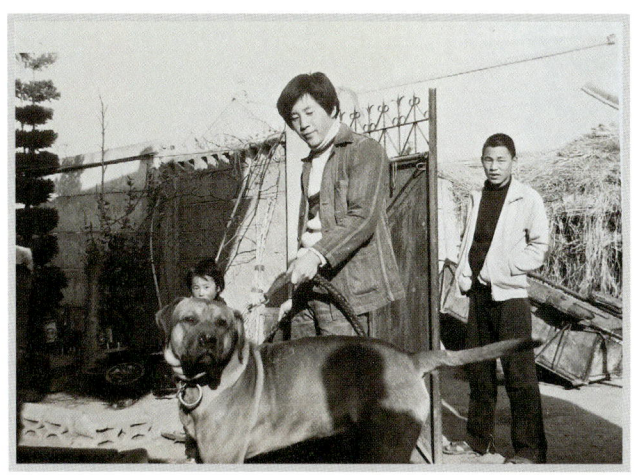

누구나 사연 하나쯤은

유년 시절을 되돌아보면, 누구나 길든 짧든 사연 한두 개쯤은 가지고 있다.

지금 생각하면 모두가 추억이지만, 당시에는 어떻게든 피하고 싶은 달갑지 않은 현실이었다.

뭐는 이래서 좋고 뭐는 저래서 싫고, 부모님들의 직업이 영향을 미친 가업(家業)과 연관된 경우가 많았다.

어부의 아들로 자란 친구는 멸치를 먹지 않았다. 일부러 멀리하는 것은 아니지만, 그렇다고 일부러 찾지도 않는다.

강원도가 고향인 친구는 감자조림 그릇에 젓가락을 대지도 않는다. 어릴 적 감자를 물리도록 많이 먹어 싫단다.

정육점 아들은 비릿한 피 냄새를 싫어한다.

아버지가 우체국장님이셨던 친구는 아버지의 잦은 발령으로 이사를 지긋지긋하게 싫어했다.

헌 자전거 판매장 딸이어서 중고가 싫다는 친구도 있고, 가을철 고추방아와 명절 때 떡방아의 분주함으로 고사리 같은 손이라도 일손을 거들어야 했던 악몽에 도망치고 싶었다는 방앗간집 아들도 있다.

같은 반 여자친구들이 엄마랑 방앗간에 찾아와 마주치는 것이 너무 부끄러웠던 것도 그 이유 중 하나였다.

그때 그 시절 별명도 부모님 직업에 맞춰 불렸다.

농사를 짓는 아들은 '고구마'였고, 정미소집 아들은 '왕겨', 세탁소집 딸내미는 '다리미', 화물트럭 운수업 집 아들은 '도락꾸'였다.

하지만, 누구 하나 그 별명에 대해 불평 없이 다들 그렇게, 또 이렇게 자랐다.

그때는 양쪽 바지 길이가 비대칭인 작업복을 입고 지게를 짊어지고 논밭에 나가는 아버지보다, 검은 양복에 하얀 와이셔츠 그리고 색깔 짙은 넥타이를 반듯하게 매고 정시에 회사 또는 관청에 출근하는 이웃집 아저씨가 무지하게 부러웠다.

대부분의 우리 부모님들은 늘 부족한 환경 속에서 자식들에게만은 더 나은 미래를 물려주고자 눈물 밥에 한숨 반찬 말아 드시며 자식들을 키우셨으리라.

그렇게 자란 자식들은 지금, 규모의 크고 작음에 관계없이 옛날보다는 많이 개선된 환경에서 각자의 생업에 종사한다.

나름 자신들의 삶이 고단하다 하여도, 그 옛날 우리 부모님들과 똑같은 마음으로 자식들의 미래는 나보다 더 나았으면 하는 바람으로 오늘도 찾아오는 손님과 고객분들에게 공손하고 겸손하게 고개를 숙인다.

지난날들을 회상해 보면 부모님들의 한숨과 눈물이 우리를 키웠고, 그 소망과 염원이 오늘의 우리를 만들었다. 우리 또한 그렇게 물려받은 자식들을 위하는 마음으로 살아왔을 테고, 앞으로도 그렇게 살아갈 것이다.

세상이 아무리 편의적으로 시시각각 바뀌고 변해도, 개천에서 웅크리고 마냥 붕어, 미꾸라지로만 살지 않고 용으로 승천하길 기대하는 웅대한 꿈은 예나 지금이나 변함이 없다.

아무리 중고 자전거집, 세탁소집, 방앗간집, 농부의 아들과 딸들이었다고 해도 근본만큼은 무게감 있고 가지런하게 지녔기 때문이리라.

동네 공짜 목욕탕

내가 태어나서 자라고 지금까지 살고 있는 우리 지역엔, 높지는 않지만 작은 랜드마크라고 할 수 있는 옴뿌리산이 있다.

지금은 그 아래 발안천이 친환경적으로 정비되어 주민들이 편리하게 이용할 수 있는 생태공원으로 조성되었다. 인근의 주민들이 아침저녁으로 걷기도 하고 한쪽에 설치되어 있는 운동기구를 이용해 건강을 다지기도 한다.

이제는 완전히 없어서는 안 될 힐링 공간으로 자리매김을 하고 있다.

불과 몇십 년 전인 1960, 70년대만 해도 이곳은 팔탄저수지에서 내려오는 물이 흘러가는, 말 그대로 넓지도 깊지도 않은 냇가에 불과했다. 사람들은 그곳을 '보안 냇가'라고 불렀다.

필요에 따라 콘크리트와 굵은 나무판자로 구조물인 보를 설치하여 물을 가두고 주로 농사철에 농업용수로 이용했다. 이렇게 물이 고여 커다란 웅덩이를 이루다 보니, 부수적으로 낮에는 청소년들의 수영장으로, 밤에는 지역의 공짜 노천 목욕탕으로 활용이 되었다.

보의 인접지인 발안리와 평리는 물론, 장짐리, 행정리, 방축리, 제암리 등, 많은 동네의 남녀노소가 이곳을 애용했다. 여름철에는 더위를 식히는 장소로, 가끔은 때를 빼기도 하는 목욕탕으로 각광을 받으며 무료 노천 목욕탕의 역할을 톡톡히 감당했다.

가두어놓은 물이라서 한낮에 햇볕에 데워진 물은 밤에도 미지근해서 목욕하기에 안성맞춤이었다.

남녀노소가 사용하다 보니 자연스럽게 남탕과 여탕이 구분되었다. 물을 차단하는 보의 길이가 약 100여 미터였는데, 암묵적으로 보의 상단 40m 이내는 남탕, 그리고 그 위쪽으로는 여탕이었다. 그 사이의 20m 정도는 남탕과 여탕을 분리하는 경계 지역으로 누구도 함부로 그곳을 넘나들지 않았다.

서로서로 묵시적으로 인정하는, 담당자나 근무자가 없어도 대단히 안정적으로 질서 유지가 잘 이뤄지는 남녀 공용 목욕탕이었다.

이 목욕탕의 존재만으로도 지역의 어린이와 청소년들은 얼굴이 말쑥하게 빛을 발했다. 그렇게 깔끔한 겉모습과 청결을 유지해 주는 지역의 특별한 명소였다.

요즘은 물을 가둬 두었던 시설물들이 대대적인 발안천의 정비 사업으로 철거되어 없어졌지만, 가끔 그곳을 지나칠 때면 그 옛날 그 시절이 떠오르곤 한다.

제대로 된 옷이라고 말할 것도 없는 홑겹 반바지와 빛바랜 반팔 난닝구였지만, 근처의 풀섶에 벗어놓고 한 시간 정도 시원하게 목욕을 즐겼던 그곳.

이제는 기억 속에서만 존재하는 추억의 장소가 되었다.

세월이 흐르고 보니 그래도 그때가 좋았었지, 하는 생각에 가슴이 찡하다.

사춘기가 뭐지?

1969년, 발안초등학교 21회 졸업생이 되었다.

그 당시 발안 지역에는 공립인 발안중학교와 사립인 화성중학교가 있었는데, 나는 자연스럽게 근처에 있는 발안중학교로 진학을 하게 되었다.

중학교에 입학을 해보니 발안초등학교 출신의 낯익은 얼굴들이 대부분이었지만, 인근의 팔탄, 월문, 향남, 갈천, 양감 초등학교 등지에서 온 낯선 얼굴들도 더러더러 보였다.

학교도 바뀌고 친구들도 바뀌니 분위기가 새롭고 초등학교보다는 상급 학교라는 생각에 마음가짐도 다소 엄숙해졌다. 하지만, 그런 분위기는 채 한 달이 되지 않아 초등학교와 별반 다를 게 없이 시끌벅적 떠들썩하게 변했다.

나 역시 초등학교 때와 달라진 것 없이 학교와 집을 오가며 조용히 생활했다. 언제부터인지 모르게 그런 내게 '색시'라는 별명이 붙여졌다. 그만큼 나는 여전히 존재감 없이 집에서나 학교에서나 있는 듯 없는 듯 모범생도 아니고 그렇다고 말썽을 피우는 불량 학생도 아닌 채 중학교 생활을 이어가고 있었다.

나는 3년 동안 중학교에 다니면서도 왜 학교에 다녀야만 하는지를 스스로 이해하지 못했다. 그냥, 이웃집 친구들이 가니까 쫓아다닌 격이다.

시간 맞춰 학교에 가서 딱히 취미도 재미도 없는 수업을 받고, 또 시간이 되면 수업을 끝내고 집으로 돌아왔다.

하교 후에는 주로 소를 끌고 나가 풀을 뜯기고, 여유로 비축해 놓기 위해 꼴을 베고, 남녘 벌 끝자락에 있는 모래 범벅 논에 물꼬를 봐야 하고….

그때는 공부도 하기 싫었지만, 농사일은 더 싫었다. 그런데 중학교 자체가 농업고등학교와 같은 계열의 학교여서, 정규 과목에 '농업'이 포함되어 있었다.

따라서 일주일에 서너 시간씩은 농업고등학교 실습장에 가서 삽질, 호미질, 포도 순치기, 복숭아 봉지 씌우기, 수박·참외·오이 등의 순을 치고 북돋우기 등, 거의 강제 노역을 했는데, 나는 그런 농업 과목과 강제 노역 시간 자체가 진저리나도록 싫었다.

중학교 2학년 때쯤이었나. 집에서나 학교에서나 하기 싫은 일을 시키면 부쩍 반항심이 생겼다. 학교에서야 선생님의 말씀을 거역할 수 없으니 울며 겨자 먹는 식으로 어쩔 수 없이 다른 아이들과 어울려 시키는 대로 했지만, 집에서는 불쑥불쑥 말대답을 하고 대들기도 했다.

어느 날은 하교 후 곧장 집으로 가지 않고 주변을 배회하다가 어둑해지면 집으로 들어가곤 했다. 아버지께서 불호령을 내렸지만, 그 두려움보다 들로 나가 소 풀 뜯기고 소 꼴 베는 일이 더욱 싫었다.

도저히 거역을 못 하고 소를 끌고 논두렁으로 나갔을 때, 어쩌다 같은 학교 여학생이라도 만나면 쥐구멍이라도 숨고 싶은 심정이었다. 그런데 어느 날부턴가 꼭 나를 미행이라도 하듯 거의 매일 나와 마주치는 여학생이 있었다. 그 여학생은 내게 관심이 있었는지 이름도 미리 알고 있었으며 자꾸 말을 걸어왔다.

가끔은 그 여학생이 나 대신 소 꼴을 베어주기도 했는데, 그 애는 나보다 더 시골에 살고 있어서인지 남자인 나보다도 훨씬 더 그 일을 잘했다. 그때 느낀 내 감정은 고맙다는 생각보다 은근히 자존심이 상했다. 그래도 명색이 나는 남자인데.

하루 이틀도 아니고 번번이 마주치게 되니 소를 끌고 나가거나 소 꼴을 베는 일은 될 수 있는 대로 피하고 싶었다. 아마 그때쯤부터 내게도 사춘기란 것이 찾아왔었나 보다. 그때까지 나는 사춘기란 단어도 몰랐음은 물론, 그게 무엇을 뜻하는지는 더더욱 몰랐다. 암튼 그 여학생과 마주치는 것이 끔찍하게 싫었을 뿐.

계속 강도가 세게 퉁퉁대다 보니 결국 아버지는 내게 더 이상 그 일을 시키지 않았다. 그렇다고 그 시간에 내가 공부를 더 했을까. 결코, 그런 일은 일어나지 않았고 지금 생각해도 내가 그 시간에 무엇을 하며 보냈는지 전혀 생각이 나질 않는다.

빈둥빈둥 시간만 보내고 있는 사이 중학 생활 3년도 그럭저럭 흘러갔다. 딱히 아쉬울 것도 없이, 그렇다고 앞날에 대한 큰 기대도 없이 나는 발안중학교 제18회 졸업생이 되었다.

고교 진학

중학교를 졸업하게 되었다.

당시, 대를 이어 내려오던 가족 중, 유일하게 중졸 학력의 계급장을 달고 최초의 고학력자가 된 것이다.

부모님께서도 내심 기뻐하시는 것 같았다. 그나마 중졸만으로도 고학력이라는 자부심이 있었겠지만, 이제는 스스로 제 입에 풀칠을 할 수 있는 나이에 접어들었다는 안도의 표시였으리라.

그 당시는 중학교를 졸업하면 자연스럽게 B 농업고등학교로 진학하는 것이 순리였다.

상급 학교로 진학하려면 당연히 입학시험을 치러야 하지만, B 중학교 출신이 B 농업고등학교로 진학을 하면, 거의 그대로 99.9% 합격이 보장되는 '완전 빵' 체제였다. 지역 연고가 우선시되는, 말 그대로 참 착한 '농업계열사 학교'였다.

부모님은 중학교 졸업 후, 고교 진학 대신 하루라도 빨리 취업을 해서 밥벌이를 했으면 하는 눈치였다. 사정을 모르는 담임 선생님은 빨리 B 농업고등학교에 입학원서를 써내라고 조회 시간마다 재촉(?)을 하시고….

그런 와중에 아버지는 동네 이발소 주인에게 이발을 마치면 머리를 감겨 주는 취직 자리를 승낙받아 놨다고 흐뭇해하셨다.

하지만, 나는 취업도 싫고 B 농업고등학교에 가기는 더더욱 싫었다. 그렇다고 마땅히 가고 싶은 학교도 없었다. 이도 저도 모두 하기 싫은 것뿐이었다.

나의 장래를 걱정해 주는 이도, 진학을 상담할 윗사람도 전혀 없는 상황에서 오롯이 혼자의 힘으로 진로를 결정해야 했다. 아무런 정보도 누군가의 도움도 없는 상태에서 혼자만의 얄팍한 판단으로 짧은 시간에 결정을 내려야 하는 진퇴양난의 처지였다.

당시, 수원 가는 버스 요금이 40원, 엄마 쌈짓돈에서 세종대왕이 인쇄된 100원짜리 초록색 지폐 한 장을 받아 주머니에 챙겨 넣고 한두 번 가봤을까 말까 하는 수원에 가기 위해 합승을 탔다.

그때는 버스보다 규모가 작은 합승이 대중교통 수단이었다. 비포장이라서 합승 안에는 흙먼지로 가득하고, 앉은 사람이나 천장이 얕아 꾸부정하게 서 있는 사람이나 흔들림은 매일반이었다.

그 당시 수원시는 경기도청 소재지였으며 인구 18만 명의 대도시였다. 지금이야 도로가 좋아 20km 거리에 있는 수원은 근거리에 속하지만, 그 옛날에는 꼬박 1시간을 달려야 도착할 수 있는 먼 거리였다.

(지금도 시간대에 따라 교통체증으로 1시간 이상 걸리기도 하지만)

일단, 눈에 띄는 대로 중동 합승 정류장에서 내렸다. 정해진 목적지도 없이 그냥 와 본 수원이다.

이젠 어디로 가야 하나.

도로는 온통 새까만 아스팔트 포장도로였으며, 큰길가로 3층짜리 조흥은행 건물이 웅장하고 반듯하게 서 있었다. 그 옆으로 늘어선 건물마다 간판도 즐비했다. 가야 할 목적지도 정하지 못했는데 아니, 설령 정했다고 하더라도 수원 지리를 몰라 어디로 가야 하는지도 알 수가 없었다.

그때, 전봇대에 붙어 있는 '학생 모집'이란 문구가 눈에 띄었다. 순간 흰색 도화지에 까만 글씨로 커다랗게 쓰인 그 광고가 내 목표가 되었다.

수원공업고등학교였다. 당시에는 솔직히 인문계와 실업계의 의미조차 확실하게 구분하지 못했다. 막연히 고향 지역의 농업고등학교보다는 충분히 매력이 있어 보였다.

지나가는 사람들에게 모집 공고에 표시된 학교의 위치를 물어봐도 아무도 그 학교의 위치를 아는 사람이 없었다.

우여곡절 끝에 주차장 옆 중동 파출소 순경에게 문의했더니, 반신반의하면서 저기 인계동 산꼭대기에 있는 붉은 건물 같기는 한데, 직접 가 본 일이 없어서 확신은 없다고 한다.

일단, 방향을 정하고 '화성역'을 지나 비포장 언덕길을 한참 오르니 붉은 벽돌로 지은 3층 건물이 달랑 한 동 있었다. 정문에 '수원공업고등학교'라는 동판으로 된 간판이 붙어 있어서 그곳이 학교라는 것을 알게 되었다.

지금이야말로 도심지 속의 학교가 되었지만, 당시의 학교 주변은 허허벌판에 펼쳐져 있는 알타리밭이었으며, 기존의 농지는 온통 수원 시내의 분뇨 처리장이나 진배없었다.

어찌 되었든 '탈 고향'을 목적으로 그 학교에 원서를 내기로 결정했다. 학과는 전기과, 건축과, 토목과, 3개였다. 전기과와 건축과는 어렴풋이 어떤 공부를 하는 건지 감이 왔으나, 토목과라는 말은 생전 처음 듣는 말로 도무지 무슨 공부를 하는 건지 짐작조차 할 수가 없었다. 하지만, 토목과가 수와 셈법과는 가장 거리가 멀어 보여 무슨 과인지도 모르고 토목과를 선택하게 되었다.

시쳇말로 넓은 도시로의 첫 진출이었으며, 새로운 문물에 대한 접근과 도전의 첫발을 내디디게 된 것이다.

집에서는 왜 굳이 고등학교를 수원으로 가야 하고, 또 차비는 어떻게 조달할 것이며, 꼬박꼬박 도시락은 어떻게 싸 가지고 다닐 것인지를 놓고 온 식구가 걱정으로 밤잠마저 이루지 못할 지경이었다. 일은 이미 저질러졌고, 일 처리의 방법론을 놓고 끝도 없는 논쟁이 이어졌다.

하긴, 꽁보리밥 하루 두 끼 챙기기도 힘든 현실 속에서, 이발소에 취직해서 제 입 가림이나 하랬더니 뭔 놈의 고등학교를, 그것도 집 근처가 아닌 수원으로 간다고 파장을 일으켰으니, 나는 집안의 애물단지가 아닐 수 없었다.

'토목과'

단순하게 산속에 들어가 나무나 베고 다듬는 학과인 줄 알았는데, 측량 즉, 좌표를 계산하고 지구의 곡률과 회전율을 소수점까지 따지고 도로 개설 및 교량의 구조를 계산해야 하는….

발자국 뗄 때마다 숫자와 함께하는, 한마디로 숫자의 늪에 빠져 허우적거려야 하는 학과였다. 숫자와는 전혀 관계가 없을 거라고 넘겨짚은 얄팍한 눈치가 결국엔 커다란 실책이었고 헛다리였다는 것을 알게 된 것은, 입학하고 얼마 지나지 않아서였다.

그러나 이미 때는 늦었다. 가뜩이나 공부에는 별 관심이 없는 데다 어렵기까지 하니, 내가 가방을 들고 학교에 가는 건지 아니면, 가방이 나를 학교에 데려다주는 건지 가늠이 어려운 학교생활이었다.

그러나, 한 가지 좋은 것은 하교 후에 더 이상 소를 끌고 나가 풀 안 뜯기고 소꼴 안 베어도 되고, 논에 물꼬를 안 보러 다녀도 되었다. 그런 잡일에서 해방되었다는 사실만으로도 정말 너무 좋았다.

내가 그 일에서 벗어난 대신 이러한 잡일들은 바로 밑의 여동생과 나이 어린 막냇동생에게 돌아갔다는 것을 후일담을 통해 알게 되었다. 그 고통에 비례한 크나큰 원망이 내게 돌아왔음은 부정할 수 없는 사실이었다.

그것을 모를 리 없었지만, 나는 아무것도 모르는 척 시치미를 뚝 떼고 3년 동안 자유로움을 만끽했다.

딸기 서리

　개구쟁이 시절, 담장 하나를 사이에 두고 눈만 뜨면 어울리던 절친이 있었다. 나이는 같았으나 그 친구는 2월 생일로 학교는 한 해 선배가 되었다. 따라서 동네에서는 친구로, 학교에서는 선배로, 좀 묘한 관계를 유지했다.

　하지만, 우리에게 그런 관계 따윈 어떤 장애도 되지 않았다. 장난기가 다분했던 그 친구를 따라 여름이면 참외 서리, 딸기 서리를 심심찮게 하며 돌아다녔다.

　먹거리가 변변찮던 그 시절에 서리라는 이름으로 행해지던 악동 짓은 어느 정도 정당화(?)되었고, 설령 꼬리가 밟혀 들통이 난다 해도 적당히 묵인해 주던 때였다.

　조금 더 부유하던 집안의 아이들이나, 조금 더 빈곤한 집안의 아이들이나, 너나 할 것 없이 죄책감도 느끼지 않고 일종의 놀이로 그런 일들을 벌였다.

　복숭아, 수박, 포도 등이 달콤하게 익어가는 여름철이 되면 서리를 할 수 있는 적기였다. 밤에 잠 덜 자고 조금만 발품을 팔면 돈을 들이지 않고도 넉넉하게 먹을 수 있었다. 그렇게 먹는 맛이 왜 훨씬 더 맛있었는지?

　지금이야 시도 때도 가리지 않고 비닐하우스에서 수박, 딸기, 참외 등이 재배되어 판매되고 있으니, 어느 철이 그 과일의 제철인지도 헷갈린다.

딸기가 나올 때면 모내기철이고, 복숭아가 나올 때면 논에 중거름을 줄 때고, 새벽녘에 찬 이슬이 맺히면 보름 후엔 배 수확을 할 때라고 자연은 순리적으로 우리에게 적절한 시기를 알려주었다.

초여름 어느 날, C 선생님네 딸기밭을 보니 제법 슈아(?) 줄 때가 되어 보였다. 농업고등학교에 다니던 그 친구는 거의 전문가 수준으로 그 딸기밭을 파악하고 있었다.

딸기밭의 중간을 기준으로 동쪽으로는 딸기가 거의 다 익었고, 서쪽으로는 한 닷새 정도 더 있어야 익을 것 같다고 훈수를 둔다. 주도면밀하게 미리 계획한 대로 내일 새벽에 작전을 개시하자고 은밀하게 제안을 한다.

딸기 서리 작전 수행으로 그 친구네 사랑채에 모였다. 새콤달콤한 딸기를 마음껏 먹을 수 있다는 기대감으로 밀려오는 잠을 눈에 힘을 주어가며 새벽 2, 3시까지 견뎠다.

전날 낮에 넓게 벌려놓은 철조망으로 기어 들어가 자루에 딸기를 훑어 넣고 사뿐하게 집으로 돌아오면 상황 종료인 것이다.

하지만, 항상 시행착오는 벌어지기 마련, 한 치 앞도 분간하기 어려운 칠흑 같은 어둠 속에서 익은 딸기를 골라 따기란 거의 불가능했다.

"손으로 만져봐서 무조긴 굵은 것만 따."

녀석의 진두지휘 아래 두둑해진 자루를 둘러메고 집으로 왔다. 그런데, 아뿔싸! 밝은 데서 보니 빨갛게 익은 것은 하나도 없고 모조리 퍼렇게 덜 익은 것뿐이었다. 그 상황인데도 그 친구는 태연하게 여유를 부렸다.

"이거 별거 아냐. 풀 속에 자루째 한 이틀만 묻어 두면 빨갛게 익어."

그 말을 믿고 딸기 자루를 우리 집 뒷마당에 있는 퇴비장 풀섶에 묻어 두었다. 그 위에 위장으로 퇴비를 솔솔 뿌려놓는 치밀함도 빠뜨리지 않았다.

그리고 우리는 아무 일도 없었다는 듯이 시치미를 뚝 떼고 우리들의 본연의 임무로 돌아왔다. 그 친구는 본인이 다니는 학교에서 농작물 관리로, 나는 수원에 있는 나의 학교로 통학을 하느라 나름 바쁘게 보냈다.

퇴비장 풀섶에 묻어 둔 딸기는 까마득하게 잊은 채 며칠이 지나고, 토요일이 되었다. 친구네 집 툇마루에서 낄낄대며 장난을 치던 우리는, 갑자기 뭔가가 생각났다는 듯 동시에 눈을 마주치며 소리를 질렀다.

"아 참, 딸기!"

퇴비장에 덮어놓았던 위장용 퇴비를 걷어내고 풀을 헤쳐 보니, 딸기 자루는 장마철에 흙탕물을 뒤집어쓴 듯 흥건하게 질퍽질퍽한 몰골로 변해 있었다.

이럴 수가!

친구와 나는 울지도 웃지도 못하는 허망한 표정으로 서로를 바라보며 멍하니 서 있었다. 생각해 보니, 자칭 농작물 전문가라고 큰소리치던 그 친구도 결국, 나와 다를 바 없는 돌팔이였음을….

그 친구 뭐가 그리 급한지, 몇 년 전 저세상으로 떠났다.

단벌 신사, 그 이름은 최 의사

온 동네가 거의 초가집이던 시절, 그 집은 벽면이 송판으로 기와처럼 차곡차곡 덧대어진, 화려하진 않았지만 그래도 인근에선 눈에 띄는 제법 규모가 큰 건물이었다.

반듯한 사각 틀에 햇볕을 받아들이는 유리로 된 창문이 있는 검은색 일본식 건물에는 소박하게 '발안의원'이라는 간판이 붙어 있었다. 우리 지역의 유일한 병원 건물이었다.

이곳 주인은 언제나 하얀 가운만 입고 있는 동네 아저씨였는데, 성은 최 씨고 이름은 의사라고 불렀다. 누구에게나 공손했고 점잖으셨으며 늘 상냥한 의사 선생님이었다.

병원에서 진료를 볼 때는 물론, 외출할 때도 항상 하얀 옷만 입고 있어서, 나는 그분은 옷이 한 벌밖에 없는 줄 알았다.

지금 생각해 보니 그 하얀 옷은 바로 의사 가운이었는데…. 그 사실을 알게 된 것은 오랜 시간이 지난 후였다.

발안 인접 지역엔 병원이 없어서 향남, 팔탄, 양감, 정남, 봉담(삼천병마골 남쪽) 일부 지역의 국민학교 보건을 전담하셨다. 또한 체인 박스가 부착된 검은색 자전거 짐칸에 누런 가죽 왕진 가방을 싣고 비포장도로를 달려(그래 보았자 걷는 것보다 조금 빠른 속도였지만) 어디든 환자가 있는 곳이면 마다하지 않고 직접 가서 진료와 치료를 해주셨다.

말 그대로 이동하는 종합병원이었던 셈이다.

이분의 진료 과목은 내과, 외과, 소아과, 산부인과, 안과, 치과 등 종합 과목으로 남녀노소를 불문하고 어디든 아프면 무조건 최 의사를 찾았다.

허준 이후 그 시대 최고의 종합병원 원장님이었으며 명의였음이 틀림없다. 그분에게 치료를 받은 환자는 거짓말처럼 병이 나아 원래 상태로 돌아오는 신비로운 능력을 가진 미다스의 손이었다.

그 당시, 국민학교 3학년 과목 중 '보건'이라는 과목이 있었다. 몸이 아프면 증세별로 내과와 외과, 안과 등으로 구분해서 어느 병원으로 가야 할까?라는 시험 문제였는데, 거의 모든 학생이 아픈 증세와는 관계없이 '최 의사'라고 답을 적어서 야단도 맞고 재시험을 본 적도 있다.

지금 생각하면 웃음이 절로 나는 코미디 같은 일이었지만, 그때는 왜 굳이 이리저리 병원을 나누어서 가야 하는지 도무지 이해할 수가 없었다.

또한, 그때는 대부분 가난을 이고 지고 살아야 하는, 그야말로 땡전 한 푼 구경하기도 힘들었던 시절이라 거의 무상, 또는 기약 없는 외상 진료였는데, 최 의사 이분은 흔쾌하게 치료를 해주셨고, 원거리 왕진도 얼굴 한번 붉히지 않고 기꺼이 다니셨다고 한다.

그 누구와도, 또 그 무엇과도 '비교 불가'한 당대의 진정한 히포크라테스였던 것이다.

이렇게 존경을 받고 훌륭하신 선생님도 세월의 흐름을 역행할 수는 없는 일. 1982년 73세를 일기로 돌아가셨다.

이분의 성함은 '최 海 자 鵬 자' 선생님이시다.

선생님은 돌아가시기 전, 당시 지역의 가난한 이웃들에게 보탬이 되고자 우수한 학생들을 위한 장학금으로 거금 일천만 원을 남기셨다. 당시 지역의 25평형 아파트 한 채 값이 약 750만 원이었으니까, 지금의 금액으로 환산해도 적지 않은 액수임을 알 수 있다.

이 돈을 마중물 삼아 지금은 그분의 셋째 아들인 최건삼 님이 아버님의 유지를 받들어 장학회를 이끌고 계신다. 아드님 역시 약 40여 년간의 지속적인 기탁과 희사로 2025년 1월 현재에는 약 15억 5천만 원의 장학금이 확보되어 있다.

이 장학회의 명칭은 그분의 호와 이름을 명시한 '효천 최해붕 장학회'이다.

나는 우연한 인연으로 10여 년 전부터 본 장학회의 사무국장직을 맡아 봉사를 해 왔다. 그리고 지난해부터는 과분하게도 회장이라는 중책을 맡아 직무를 수행하고 있다.

어버이날

5월 8일. 어버이날이다.

문득 내 어린 시절이 생각난다.

그 시절엔 특별한 한두 집을 빼고는 앞집이나 뒷집이나 사는 형편이 모두가 고만고만했다. 내 기억으로 우리 집만 해도 더러더러 제때 밥을 못 먹고 거른 적이 있었다.

그래도 "엄마, 밥 줘!"라는 말을 차마 입 밖으로 뱉지 못했다. 해 보았자 없는 밥이 나올 구멍이 없다는 것을 눈치로 이미 알아챘기 때문이다. 식구들은 줄줄이 아버지가 아닌 엄마 얼굴만 쳐다보았고, 엄마는 그 눈들을 애써 외면했다.

아버지의 일과는 낮에는 반달만 한 논바닥에 물꼬를 한번 확인하고, 그리고 외상술을 마시고, 밤에 술주정하는 게 반복적으로 되풀이되었다.

그런 상황이 일상이 되어 버린 엉성한 집안 형편 속에서, 엄마는 늘 생활에 찌든 웃음기 없는 지친 모습으로 각인이 되었다.

"어떤 사람이 되고 싶습니까?"

누군가 이런 화두를 던진다면 아마 맨 먼저 아버지가 떠오를 것이다.

돈지갑 없이 평생을 사신 분이다. 돈벌이라는 것을 해 본 적이 없었으므로 돈을 넣을 지갑이 필요 없었을 것이다.

비상금도 없었고, 자기만의 물건을 사는 일은 오직 담배뿐, 특별히 하고 싶은 것이 있다거나 가 보고 싶은 곳이 있다는 얘기는 한 번도 들어본 적이 없다. 아버지는 원하는 것이 있다고 해서 다 가질 수 없는 현실을 묵묵히 받아들였을 뿐, 그런 환경을 극복해 보기 위한 어떤 노력도 하지 않으셨다.

한 번도 풍족하게 가져 보지 못하고, 또 받아 본 적도 없는 회한의 인생이었으리라.

이런 아버지가 결코 내 우상이 될 리는 없었지만, 나름 아버지는 나의 롤모델이 되었다. 긍정적이 아니라 부정적인 측면으로 아버지가 해 온 행동을 역으로만 실천하면, 적어도 불행하지는 않을 거라는 확신이 들었다.

그런 면에서 아버지는 잘못된 행동의 본보기를 유산으로 남기고 각인시켜 주었기 때문에, 그렇게 되지 말아야지 하는 내 마음의 이정표가 되었다.

어버이날을 앞두고 아들네 식구들이 다녀갔다.
며느리가 월급을 받았다며 점심을 산다고 한다.

"뭐 드시고 싶은 것 있으세요? 내일이 어버이날이니까, 선택권은 아버님 어머님에게 있어요."
"아무거나 괜찮아. 너희들 먹고 싶은 걸로 정해라."

항상 이런 식이다. 우리한테 먼저 물어보기는 하지만, 우리의 대답은 언제나 똑같다. 오늘도 역시 그랬고, 최종 결정된 메뉴는 손주 녀석들이 먹고 싶다는 것으로 결정이 됐다. 손주 중에서도 입맛이 까다로운 둘째 녀석에게 선택권이 맡겨졌다.

'등심구이'

다섯 살 녀석은 아이답지 않게 양념이 되지 않은 로스구이를 좋아한다.

여섯 식구가 맛있게 식사를 마치고, 집에 돌아와 과일과 그 외 간식을 취향대로 골라 먹으며 오후를 보낸 뒤, 며느리가 봉투를 내민다.

"아버님, 어머님. 멋진 오빠 낳아주셔서 감사하고 또 잘 키워주셔서 감사드려요. 그리고 저와 손주들까지 사랑해 주셔서 정말 감사합니다. 건강하세요."

우리는 항상 마음에 더 큰 가치를 두므로 액수에는 그다지 관심이 없다. 하지만, 굳이 따져 본다면, 어린이날에 두 녀석 선물을 사느라 들어간 돈이며, 미리 준비해 놓은 과일과 군것질 값이며, 저녁 상차림에 들어간 돈이며, 마이너스가 이만저만이 아니다.

하지만, 속도 없이 왜 이렇게 싱글벙글 웃음이 흘러나오는지, 하루하루가 오늘만 같았으면 좋겠다.

해마다 돌아오는 5월 8일.

나도 이제는 자식을 둔 아버지로서, 나를 낳아주시고 키워주신 어버이를 생각해 본다. 그 시절에도 그날을 기념하고 어버이께 선물을 드렸던가.

기억이 없다. 하루하루 생존하기도 버겁고 힘든 시절이었으니까.
가뭄 속 논바닥처럼 쩍쩍 갈라진 가슴에 서늘하게 냉기가 흘러든다.
이제 나도 그 옛날 아버지의 나이를 훌쩍 넘긴 나이가 되었다.

2025년 5월 7일

3부

더 넓은 세상으로

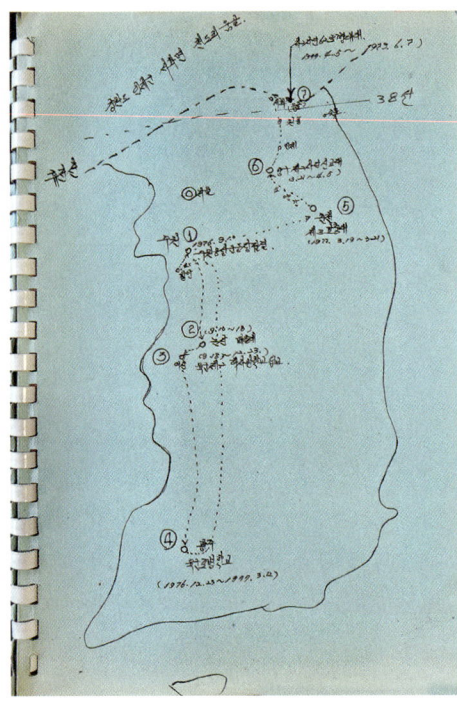
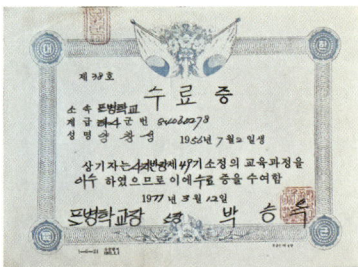

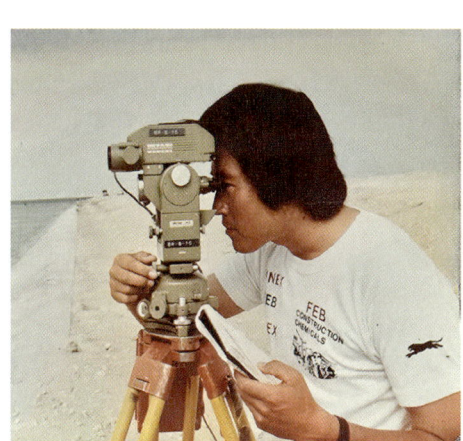

입대와 부OO콘

1976년 9월 10일, 내 나이 스물한 살, 나라의 부름을 받고 입대하게 되었다.

지금이야 개인적으로 각각의 훈련소를 향해 입소하지만, 당시에는 경기도 남부 지역의 입영자들은 지역에서 가장 큰 수원 공설운동장에 집결해서 논산훈련소로 출발을 하였다.

짜인 진행표에 의해 요식 행사를 마치고 수원역까지 도보로 이동을 한 후, 저녁에 출발하는 군용열차 편으로 육군 제2훈련소가 있는 논산으로 출발을 했다. 열차가 출발한 시각은 저녁이어서 깜깜했지만, 무슨 이유에선지 창문이 모두 가림막으로 가려져 있었다.

늦은 밤, 논산에 도착해 간단한 입소 절차를 거쳐 내무반을 배정받고 첫 군대 밥을 먹게 되었다. 그런데 묵은 보리쌀 냄새와 쑥색 군용 식기에서 풍기는 특유의 플라스틱 냄새가 역하게 풍겨왔다. 빨랫비누 냄새가 혼합된 밥은 웬만한 비위가 아니면 거의 못 먹을 정도로 후진 것이었다. 하지만, 그나마 안 먹으면 손해라는 생각이 들어 남김없이 꾸역꾸역 먹어치우는데, 젠장! 주책없이 왜 눈물이 주르륵 흐르는 건지.

"식사 시간 5분 준다. 5분 후에 식기 반납할 것. 식사 개시!"

역시, 서울 출신 예비 병력들은 머리를 좌우로 흔들며 거의 먹지 않고 투덜거렸다. 하지만, 임시 내무반장의 불호령으로 투덜거림은 10초도 안 되어 조용해졌다.

"식사 끝!"

악마의 단말마 같은 구호에 소름이 돋았다.

식기의 재질은 플라스틱으로 색깔은 노란색과 쑥색 두 가지였는데 앞뒤 관계없이 4칸으로 나뉘어 있었다. 즉, 우상 찌개, 좌상 김치(깍두기), 우하 국, 좌하 밥으로 구분되어 있고, 오로지 1식 3찬뿐이었다.

밥에서 지독하게 빨랫비누 냄새가 나는 까닭은 식기를 세척할 때 전용 세제가 아닌 빨랫비누를 사용하고 헹굼 자체가 거의 없다 보니 냄새가 날 수밖에 없었다는 것을 자대에 배치된 후에 알게 되었다. 절에 가서도 눈치 빠른 놈은 젓국 얻어먹는다더니, 여기는 눈치로 살아가는 세상임을 첫날부터 일깨워 주는 무지막지한 또 다른 세상이었다.

"오늘부터 제대하는 날까지 하루도 빠짐없이 하루 1시간은 취침 중 기상해서 동료 및 시설의 안전을 위해 보초를 서야 한다."

이 말은 내일의 일정을 설명하는 중에 들은 가장 살벌하고 부담이 되는 말이었다.

처음 입대 후, 입대 장정의 구분은 아직 신체검사를 받지 않은 머리를 빡빡 깎고 입대할 때 입고 온 '사복 장정'(입대 10일 미만)과 신체검사를 받고 훈련소에 입소 대기 중인 '군복 장정'(입대 15일 미만), 그리고 5만 촉

광에 빛나는 작대기 하나가 당당하게 왼쪽 상의 주머니 덮개에 붙어 있는 '기관 사병'으로 구분이 되었다.

군복만 입고 있는 장정만 봐도 나보다는 선임이며, 더군다나 현역과 방위병을 따질 것도 없이 계급장을 달고 있는 기관병은 하늘같이 우러러 보이는 신의 경지에 도달한 선임이다. 선임!

"군복 장정, 막사 앞으로 집합! 너희는 이쪽, 너희는 저쪽…."

10여 명씩 분류를 하여 이쪽저쪽으로 배치를 하는 담당은 좌측 팔뚝에 노란 완장을 찬 방위병이다. 어찌 되었든 노란색이 선명한 작대기 하나의 계급장이 인정하는 이등병, 즉 하늘 같은 기관병이다.

휴식 시간도 없이 어찌나 위세를 떠는지…. 9월의 한낮 태양이 내리쬐는 더위 속의 혹독한 잡초 제거 사역이다.

"야~ 야! 너희들 뭐 하냐?"

어디서 많이 듣던 목소리다. 유난히 특이한 고향 선배 H의 목소리가 분명하다.

작대기 하나뿐인 이등병 계급장보다 한 뼘이나 길게 보이는, 작대기 네 개와 힘찬 날갯짓의 갈매기 한 마리가 돋보이는 육군 하사가 태산보다 더 웅장한 위용으로 턱 버티고 서 있는 게 아닌가.

세상에 별 네 개가 부럽지 않은 감히, 함부로 쳐다볼 수조차 없는 입대 사병 중 가장 높은 계급의 하사다. 하사!

고향 후배 3명에게 작업을 중단시킨 후, PX로 인솔해서 빵과 시원한 부OO콘을 맘껏 먹으라는 명령(?)을 하달한다. 역시 고향 선후배의 정은 타향, 특히 군대에 와서 이렇게 끈끈하게 이어지게 됨을 새삼 느꼈다.

그러나, 그 특혜의 후유증이 얼마나 혹독했는지 알기까지는 그리 오래 걸리지 않았다. 불과 몇 시간 후, 뱃속에서 인정사정없이 요동치는 부OO콘의 아우성으로 얼마나 큰 곤욕을 치르고 진땀을 뺐었는지, 요즘도 간혹 만나면 빼놓을 수 없는 지난날의 에피소드로, 모두가 파안대소를 하는 단골 메뉴가 되었다.

육군 제2하사관학교 입교

보통 입대 후 일주일 이내에 훈련소로 이동이 된다. 그런데 이상스럽게도 10여 일이 지나도 내 이름은 불리지 않았다.

하긴, 국방부 시계는 어떤 상황 속에서도 흘러는 가겠지만, 함께 입대했던 장정들의 절반 이상이 자리를 옮겼는데, 내 경우는 군대 상식이 전혀 없는 상태에서도 좀 늦은 감이 있어 점점 초조해지기 시작했다.

입대 12일 차, 드디어 호명이다.

넓은 연병장에 천여 명 정도의 군복 장정들을 도열시킨 후, 호명을 하고 별도의 각각 위치에 정렬시켰다.

"너희는 공수특전단, 너희는 화기 분대장, 너희는 전경대⋯. 즉시 출발!"

그리고 이어지는 300명의 호명. 와, 드디어 그중에 내 이름도 불렸다.

"이상, 제2하교대!"

더 이상 매일매일 잡초 제거 사역만 하는 이 부대를 벗어난다는 게 홀가분하기도 하고 다소 긴장이 되기도 하였다.

(이 부대에서의 잡초 제거 사역이 군대의 꽃보직이었다는 사실을 육군 제2하사관학교 훈련 2주 차부터 뼈저리게 느꼈다.)

W백을 배낭처럼 만들어 허리에 매고 약 3km의 거리를 걷고, 뛰고, 오리걸음으로 걸어 야트막한 언덕 위에 있는 웅장한 교문으로 빨려 들어가듯 막사에 도착했다.

교문은 빛나는데 그 하단부의 막사는 그야말로 시멘트 블록과 슬레이트를 조합해 만든, 적어도 수십 년은 넘어 보이는 낡은 창고 같은 건물이다. 침상은 송판을 열댓 장 이어서 만든 마룻바닥이었고, 통로는 대충 시멘트와 모래를 버무려서 미장한 듯 깔아 흙먼지만 겨우 면할 정도다.

내무반인지 창고인지 웬 고린내가 그렇게 진동을 하는지 정신까지 혼미할 정도로 열악해 보였다. 그런 건물에서 10주 동안 보병 교육과 하사관의 자질 교육 등, 고된 훈련을 해야 한다고 생각하니 눈앞이 캄캄해졌다. 하지만, 결과적으로는 그곳에서 10주 동안의 훈련을 마치고 나면 그 이후엔 더 이상의 간섭 없이 육체와 영혼이 편안한 상태로 취침에 임할 수 있는 징검다리 역할이기도 했다.

하사관학교에서는 육군 보병의 기본 교육을 포함하여 하사관의 임무 수행 등의 교육과 실습을 약 3개월 동안 받았다.

'인간 개조창'이라더니, 말 그대로 훈련계획표가 한 치의 오차도 없이 치밀하게 짜여, 마치 촘촘한 모기장 같았다.

4주 동안 물을 주지 않아서 세수와 발 닦기, 양치 등은 엄두도 못 냈다.

(아예 그렇게 할 시간을 안 줬다.)

아침과 점심 식사 후, 야외 교육장까지 단독군장(배낭 없이 소총과 탄띠만 차는 간단한 군장)으로 하는 30분의 구보는 일상적이었다. 저녁 식사 후에는 내무반에 들어가 곧바로 훈련 중에 묻은 먼지를 닦아내는 총기 수입(총을 닦는 작업), 교육 단어와 군대 용어 암기 및 복습 등이 이어졌다.

그리고 뜯어진 군복과 양말 등을 깁고 꿰매기, 점호 준비, 청소와 관물대 정리정돈, 취침 중 1시간 보초 서기 등등. 개인적인 시간은 3개월 동안 단 1분도 주어지지 않았다. 한눈을 팔거나 잡생각을 할 수 없도록 의도적으로 꼼꼼하게 짜인 생활 진행표였다.

대부분의 인간이 현실에 길들여지듯, 군대라는 특별한 조직에서 상위 계급의 명령과 지시에 길들여져 매일매일 반복되는 교육을 받다 보니, 인간의 존엄성은 사치스러움의 표상이 되고 말았다.

명령에 죽고 명령에 살아야 하는 전사로 개조하는 게 목적인 육군 제2하사관학교 교육의 위상이 새롭게 받아들여졌다.

11주 차 유격훈련을 끝으로 한 많고 몸서리쳐지는 육군 제2하사관학교 교육을 낙오 없이 수료했다. 3개월의 교육을 받는 동안 손등이 터지고 굳고를 반복하고, 자라나는 손톱은 교육 시간 틈틈이 산 흙에 묻힌 돌을 주워서 갈아야 했다.

속옷과 양말은 거의 세탁 없이 뒤집어 입고 다시 입고 즉, '원위치'와 '위치로'를 반복하며 지냈는데, 지금 생각하면 불가능할 것 같지만 그러려니 하고 견디니 습관화가 되긴 했다.

그 열악한 환경 속에서 참고 견뎌야 하는 인고의 생활법을 배웠으며, 하사관은 어떤 상황에서도 분대원들의 생존을 위해 팀의 리더로서, 죽음을 선택할 결정권마저 국가로부터 주어지지 않았다. 오직 팀의 최후 전사자가 되어야 한다는 책임론만이 뼛속 깊이 새겨졌다.

지나고 보니 인간 말종이라고 여겨질 만한 고통스럽고 질긴 교육을 용케도 이를 악물고 수료했던 것이다.

하지만 그것이 결코 헛된 교육만은 아니었다는 것을, 살면서 두고두고 내 인생의 밑거름이 되었던 것도 부정할 수 없는 사실이다.

육군 포병학교 후반기 교육

제2하사관학교에서 전반기 3개월 교육을 수료한 후, 자대에서 업무를 수행할 주특기 교육을 위해 육군 포병학교에 입교했다.

나의 주특기는 '사격지휘반장'이었다. 포탄 발사 전에 전반적인 계산을 해서 실제로 대포를 운영 발사하는 '전포반'으로 무전 송신을 해주는 꽤 고차원적인 업무다.

자대에 배치된 후에는 작전과 소속으로 철근 콘크리트 벙커 내에서 근무하게 되었다. 그곳은 사계절과 기후의 영향을 거의 받지 않는 특별한 장소였다. 그곳에 출입하기 위해서는 노란색 바탕에 빨간색으로 빗금이 쳐진 2급 비밀취급 인가자의 명찰을 별도로 착용하게 되어 있었다. 부대에 몇 명 안 되는 특수병과의 보직이라는 것을 몇 개월 후 자대에 배치되어서야 알게 되었다.

포병학교 교육도 막바지에 달할 즈음, 저녁 식사 후 내무반이 시끌거렸다.

"인사 다시! 목소리가 작다! 이등병이 겁대가리 없이 여기가 어디라고 들어왔어?"

당시, 나는 우리 기수의 대표자로서 왼팔에 검은 완장을 차고 근무와 교육을 동시에 받고 있었다.

뭐야? 하는 마음으로 시끄러운 곳을 힐끗 바라보니, 고향 친구 N이 얼굴이 사색이 되어 바짝 긴장한 상태로 서 있었다. 나는 그 친구가 나를 찾아왔음을 직감적으로 느꼈다.

"야, 너 이리 와봐!"

그 친구를 데리고 건물 밖으로 나와 나를 찾아온 이유를 물어보았다.
며칠 후, 자대로 이송을 하게 되었는데, 세탁소에 맡겨둔 군복을 찾을 돈을 분실해서 난감한 처지에 놓이게 되었다고 한다. 그러던 차에, 내가 이곳에 있다는 소문을 듣고 어려운 발걸음을 했다고 한다.

"아, 그럼 안 되지. 군복은 찾아서 입고 가야지."

당시, 내 월급은 7,300원 정도였는데, 군대라는 곳이 먹여주고 재워주는 곳이라서 돈 쓸 일이 거의 없었다. 3개월 치 정도의 돈을 모아둔 게 있어서 몽땅 그 친구에게 주었다.

"자대에 가서 몸 건강히 근무 잘하고 제대해서 만나자."

그렇게 우리는 헤어졌다.
지금도 간혹 그때의 이야기를 하며 추억을 반추하는 친한 친구다.
하지만, 전역한 지 45년 이상이 지났건만, 아직도 빌려준 원금은 오리무중이다.

자대 배치, 그리고 3년

　6개월 동안의 교육을 마치고, 빛나는 하사 계급장을 군복 곳곳에 당당하게 달았다.
　진급될 일도 강등될 일도 없는 붙박이 계급이라서 박음질로 단단하게 부착을 하고 당시 춘천 103보충대에 도착했다.
　약 300여 명이 모였는데 이등병이 90%, 하사가 10% 정도였다.
　계급장을 달아본 게 처음이라서 계급의 순서와 존엄성 등의 존재 자체가 감이 잘 오지 않았다. 훈련으로 인해 거무죽죽해진 얼굴들은 계급에 관계없이 모두가 선배나 형님으로 보였다.
　내 나이 22세. 나보다 죄다 나이가 많아 보였다.
　그런데 이마에 붙은 계급장은 모인 무리 중 내가 가장 높았다. 작대기 4개에 갈매기 날개 한 쌍이 올라붙은, 그 이름도 자랑스러운 하사였.
　그곳에서는 그것이 높은 계급 같았다. 아주 불편스러웠다. 물과 기름같이 겉돌고 말을 걸기는커녕 관심조차 보이는 사병도 없었다.
　오로지 입대 동기인 하사 계급의 P와 H 이외에는 대화를 하는 병사가 없었다.

　5일 후, 자대에 가는 날이다.
　호로를 덮은 낡은 군용트럭을 타고 소양강까지 가서 하차했다. 그리고 검은색의 군용 배로 갈아타고 출발했는데, 목적지가 어딘지도 모른 채 그냥 데리고 가는 대로 아무 말 없이 갈 뿐이었다.

소양강 중간 지점쯤에서 검은 군용 배가 힘차게 춘천 쪽으로 내달린다. 내가 가는 방향과는 반대 방향이다.

예비군복을 입은 한 무리들이 가볍게 손을 흔들며 소리를 친다.

"아저씨들! 수고 많이 하고 오세요. 이제 저희들은 물러갑니다!"

지금 지나간 배는 전역자들을 싣고 춘천으로 가는 '제대 군인 전용 배'란다. 마음이 울컥했다.

'나는 이제 들어가는데 저 양반들은 벌써 마치고들 나오네. 나에게도 저런 날이 과연 올까.'

갑자기 서러움이 몰려오며 그 사람들이 너무 부러웠다.

해 저문 저녁 시간에 배에서 내려 양구, 인제, 원통을 거쳐 털털거리는 비포장도로를 하염없이 달렸다. 우리를 실은 트럭은 6.25 때 사용했던 M602 군용트럭으로 시속 20km의 속도로 계속해서 북쪽으로 주행했다.

"인제 가면 언제 오나, 원통해서 못 살겠네."

군대 오기 전, 사회에서 들은 적이 있는 바로 그 인제와 원통은 벌써 지나버렸다. '아마 휴전선 바로 앞에까지 가는구나.' 하고 어림으로 짐작만 할 뿐이었다.

이미 한참 전에 어둠은 깔리고, 늦은 시각 자대라는 곳에 도착했는데, 이건 또 뭐냐?

산과 산 사이 등성이에 낡은 막사가 드문드문 거리를 두고 있는데, 병사들이 다니는 길은 온통 울퉁불퉁한 바위투성이고, 주변에는 나무 한 그루 없는 삭막한 풍경이었다. 앞뒤로 있는 높은 산과 산 사이의 계곡에 대충 터를 닦아 지은 부대로 짐작이 되었다.

이튿날 아침 기상 후에 보니 아이고야, 대한민국에 뭐 이런 부대가 다 있냐? 한숨이 절로 나온다.

시멘트 블록으로 쌓은 벽체에 지붕은 양철과 슬레이트로 덮었으며, 지붕 위에는 새까만 헌 타이어를 널어놓다시피 얹어놓았으며 돌이 많은 산악 지형으로 참, 열악하기가 그지없었다.

휴~, 여기서 삼 년을…? 생각할수록 눈앞이 깜깜했다.

하지만, 어찌 되었든 국방부에서 하사 양창성은 이곳에서 근무를 하라고 분명하게 명시가 되었을 것이므로 여기로 보내졌으리라.

낮에는 작전과에서 본연의 업무를 수행하고, 저녁엔 내무반장으로 임명되어 군가 교육과 각종 지시사항, 검열 준비, 점호 준비, 휴가 대상자 선발 등 꽤 바쁘게 군 생활을 해 나갔다.

시간이 흐르는 동안 이러한 산적 같은 생활도 꽤 익숙해졌으며, 요령도 많이 생겼고 그런대로 생활할 만했다.

그 당시에는 위로휴가, 청원휴가 등이 있었는데, 억압된 군대 생활을 일시적으로 벗어나는 수단으로 작용했다. 단, 귀가 시에는 암묵적으로 부대원들에게 줄 인절미나 시루떡을 두어 말 정도 해 와야 했는데, 가정 형편이 어려운 나 자신이나 많은 부대원들은 귀대할 때를 생각해서 휴가를 준다고 해도 손사래를 치는 일들이 빈번했다. 부익부 빈익빈이 그때도 여지없이 작용했다.

이 또한 지나가리라.

진달래꽃이 세 번 피고 지고 세월은 어김없이 흘러갔다.

드디어 국방부에서 15일 후에 전역하라는 소위 '특명'이라는 명령지가 내무반 게시판에 떡하니 붙여졌다.

'아, 나에게도 이런 날이 주어지는구나!'

감개가 무량했다. 국방부 시계는 역시 쉬지 않고, 고장 없이 정상적으로 작동이 되었나 보다.

33개월간 나라 밥을 먹고 이제는 사회로 나가 능력껏 벌어먹어야 한다.

때 되면 잠 깨워주고 용돈 주고 삼시 세끼 따뜻한 밥을 주는 것도 15일 후엔 없다는 예고다.

더 있으려면 장기 지원을 하든지, 아니면 날짜 맞춰 스스로 나가란다.

아이고, 빌어먹어도 나가야지. 이런 움골 골짜기에서 더 버틸 것 같냐.

역사는 큰 변동 없이 반복되는 일.

소양강 중간 지점에서 3년 전 내가 타고 이 강을 건넜던 검은색 군용배를 만났다.

측은한 마음으로 두려움과 설렘으로 가득 찬 신병들에게 손을 흔들어 주었다.

건강히 근무 잘하고 전역하라고….

33개월. 지나고 보니 어느새 훅 가버리더라고.

나는 내려오고, 너희는 올라가는구나.

그날, 소양강 물결은 참 잔잔했다.

전역, 고향 앞으로

1979년 6월 10일.

아! 얼마나 기다리고 기다리던 이 날인가.

아무리 더뎌도 국방부 시계가 가긴 가는구나.

제대를 한 달여 남겨놓고는 수시로 잠을 설쳤다. 행여나 뭔가 서류가 잘못되어 제대 날짜에 내 이름이 누락되는 건 아닌지, 또 갑자기 연기가 되어 몇 개월을 더 살아야 하는 건 아닌지, 별 쓸데없는 염려로 머리가 뒤숭숭했다.

그러나, 역시 그런 잡생각은 기우에 불과했다. 정해진 전역 날짜를 보름여 앞두고 공문이 내려왔다. 제대 명단에 분명하게 계급과 군번 그리고 내 이름 석 자가 찍혀 있었다.

정문을 나서는데 후배 장병들이 양옆으로 도열해 있다. 보무도 당당하게 그 사이를 걸어 나오는데 만감이 교차한다. 33개월의 짧지 않은 여정이 주마등처럼 스쳐 지나간다.

이곳을 나가면 두 번 다시 뒤돌아보지 않겠다는 다짐이 살짝 흔들린다. 미우나 고우나 그동안 정이 들었던가. 속이 후련하면서도 뭔가 한 가닥 아쉬움이 가슴을 훑고 지나간다.

올 때와는 역방향으로 소양강을 건너 춘천 모 부대에 임시로 소집됐다. 그곳에서 전역 여비를 지급받고 곧 해산했다.

이제는 완전한 자유의 몸이다. 지금부터 나는 국방부 소속의 군인 신분이 아닌 내무부 소속의 민간인 신분이다. 발걸음이 날아갈 듯이 가벼웠다.

저녁 늦게 고향 집에 도착했다. 가족들의 환영 속에 저녁 시간을 보내고 국방색 모포가 아닌 가정용 이불을 덮고 잠을 청하니, 잠자리는 더할 나위 없이 편안한데 막연한 불안감이 엄습한다. 막상 제대는 했지만 앞으로 뭘, 어떻게 해야 할지, 직장은 또 어떻게 구해야 할지 머릿속에 걱정이 한 바수거리다.

다음 날 입대 전에 근무했던 설계사무실 소장님께 전역 인사차 들렀다. Y 소장님은 유난히 나를 반갑게 맞이해주셨다. 점심 식사로 탕수육과 짜장면을 곱빼기로 시켜줘서 맛있게 먹었다. 군대 밥이 아니라서 그렇게 맛있었는지, 지금까지도 그 맛이 생생히 기억날 정도다.

"나 현장에 좀 다녀올 테니까, 사무실 좀 잠깐만 지키고 있어라."

Y 소장님은 기다렸다는 듯이 사무실을 나에게 맡기고 외출을 하시더니, 저녁 퇴근 시간이 넘어서도 사무실에 나타나지를 않았다. 하는 수 없이 셔터를 내리고 사무실 열쇠를 가지고 집으로 돌아왔다.

다음 날 열쇠를 가져다줘야 하므로 일정에도 없는 출근을 해야 했다.

나는 있는 대로 화가 나서 퉁퉁대며 불편한 심기로 아침 인사를 대신했다.

"아니, 잠깐 현장에 다녀온다고 해놓고선, 저녁때까지 안 오시면 어떡해요?"

"야, 인마! 사장이 없으면 직원이 문 잠그고 퇴근하면 되지 뭔 말이 그렇게 많아?"

"직원이요?"

"너는 어제 이 사무실에 인사하러 온 순간부터 여기 직원으로 그냥, 냅다 채용된 거야."

"내가요?"

"그러니까 군말 말고 여기서 근무해. 이 직업 해볼 만해. 사회적으로 대접받는 기술업이여."

예기치 않게 직장을 얻은 나는 그날부터 약 1년간 그분 밑에서 일을 하다가, 1980년 그분의 배려로 고향 발안에 '대한측량설계공사'라는 간판을 달고 설계사무실을 개업했다.

그 후, 그분은 아르헨티나로 이민을 가서 그곳 교민회장을 맡고 있다는 소식을 풍문으로 들었다. 그런데 1984년 LA 올림픽 입장식 중계방송을 TV로 보고 있는데, 아르헨티나 입장식 때 교민 대표로 그분의 모습이 카메라에 잡혀 그 소문이 사실이었음이 확인되었다. 아직도 그곳에 계시는지, 귀국을 했는지는 소식이 깜깜하다.

이후 나는 쭉~ 지금까지 45년여를 그 일을 하고 있다. 내가 아무리 공고 출신이라고 해도 그 일이 이렇게 평생 직업이 된 줄을 그때는 정말 꿈에도 생각지 못했다.

무던한 건지 무능한 건지 판단은 할 수 없으나, 칠십이 된 지금도 나는 이 일을 하고 있다. 물론 중간에 IMF도 겪고 불황을 견디기 어려워 회의에 빠진 적도 있었지만, 이제는 아주 만족스럽게 즐기면서 일을 한다.

되돌아봐도 큰 후회 없고 크게 밑진 일도 없으니 생각해 보면, 이만한 직장이 없을 것 같다. 떼 지게 모은 재산은 없으나 그냥저냥 가족들과 밥은 굶지 않고 살고 있으니 무얼 더 바랄까. 무엇보다도 정년이 없는 직장이다 보니, 내 여력이 허락하는 한 나는 이 일을 계속할 것이다.

직업 겸, 취미 생활 겸, 봉사 겸, 여가 활동이라고 생각하니 나의 노후는 그야말로 장땡 아니겠는가.

예비군 훈련, 특별한 에피소드

하사라는 계급은 제대를 하고 사회에서도 효력을 발휘했다.

전역 후 2년 차, 지역 예비군 최연소 소대장으로 직책을 부여받고 근무할 때다.

사전 예고된 예비군 소집 훈련으로 집합 시간은 저녁 10시. 달빛 한 점 없는 그야말로 칠흑같이 어두운 밤이었다.

아무리 어둡고 가로등을 모두 끈다고 하여도, 그 지역에서 나고 자란 예비군들의 머릿속에는 큰 도로는 물론 동네의 작은 골목골목까지 훤하게 지도화가 되어 있어서 그들만의 장점이 있는 것이다.

오죽하면 예비군이라는 이름 하나만으로도 북한에서 감히 남침을 못 한다는 말까지 생겨났을까.

일례로, 집안에서 소파에 널브러져 허름한 추리닝을 걸쳐 입고 TV나 시청하고 있던 백수건달도 현역 시절엔 실거리 소총 사격을 한 경험이 있는 사수였으며, 무논에서 세월 지난 빛바랜 맥고 모자를 눌러쓰고 잡초를 뽑고 있는 아버지도 현역과 예비군 시절을 두루 거친 역전의 용사들이다.

유사시 이들이 모집되면 실로 어마어마한 새로운 수십만의 군대 집단이 48시간 이내에 결성된다는 것이다. 이는 세계적으로 유례가 없는 신개념 군대 조직이라는 대한민국만의 독특한 체계라서 적국에서조차 머리를 좌우로 흔든다는 말이 있다.

그만큼 우리의 예비군은 막강한 전력과 인원을 자랑하는 제2의 국방력인 셈이다.

현역 부대의 규정된 집합에서는 사병의 경우 계급에 관계없이 키 순서에 의해 큰 병사는 앞에, 작은 병사는 뒤에 서는 게 대열 법칙이었다. 따라서 키가 작은 병사는 상대적으로 다리가 짧아 행진, 구보 등의 행사 시에는 일상적으로 '선두 반보'를 지속적으로 뒤에서 앞으로 전달해야 한다.

하지만, 지역 예비군 소집에서는 신장이나 현역병일 때의 계급에 관계없이 거의 동네 선후배 사이라서 나이가 적은 후배는 앞에, 선배님들은 중간 이상의 뒤쪽에 자연스럽게 집합하는 특성이 있다.

예비군 소대장의 임무는 사전 예고된 집합 장소에서 호각을 길게 불어 집합 시간이 되었음을 알리고, 먼저 출석을 체크한다.

"다 나오셨습니까? 소대장을 향해 4열 종대로 오와 열을 맞춰 주시기 바랍니다. 존칭, 계급 생략하고 호명할 테니, 크게 대답하시기 바랍니다. 알겠습니까?"

지역 예비군은 보통 1개 소대원이 50여 명 정도의 인원으로 구성되어 있다. 모두가 지역에서 오래 얼굴을 익히고 살아온 터라 출석을 부를 때 '예!' 또는 '네!'라는 짧은 대답 소리만 들어도 그 목소리의 주인공이 누군지 대충 알 수가 있다.

예비군 훈련 중에 있었던, 두고두고 회자되는 에피소드가 있다.
개인별 호명을 하는데 대답 소리가 흐릿했다.

"KOO"

다시 호명을 했는데도 여전히 대답 소리는 작았고, 그 목소리는 K가 아님이 분명했다. K는 키가 작고 나이가 어려 줄곧 앞줄에 섰었는데, 그날은 뒤쪽에서 대답이 들렸다.

뭔가 확실히 이상하다고 느꼈지만, '나 혼자만의 생각인가?' 하고 일정을 진행했다.

소대원들에게 개인별 소총을 지급하고 나서 K 소대원에게는 별도의 지시를 내렸다.

"K 예비군은 나와 별도로 진지로 이동해야 하니까 소총을 지급받지 말고 맨 뒤쪽에 열외하시기 바랍니다."

집합된 예비군들을 진지로 보내고 혼자 남은 'K'에게 다가가니, 아니나 다를까. 그는 'KOO' 예비군이 아닌 대리 참석자였다.

세상에! 결혼한 지 6개월도 채 안 된 새댁이 신랑의 예비군 복장을 하고 대리 참석을 했던 것이다. 남편이 갑작스럽게 지방으로 출장을 갔다고….

전례가 없는 뜻밖의 상황에 정말 당황스러웠다.

"여기 잠깐 계세요. 중대장님께 상황 보고를 하고 조치 사항을 받아 오겠습니다."

K 중대장님은 이 지역에서 깐깐하기로 정평이 난 분이다. 4촌 동생도 정당한 사유 없이 예비군 훈련에 3회 불참했다 하여 대대본부에 직접 고발해서 군부대 영창을 보낸 적이 있는, 말 그대로 원리 원칙주의자였다.

그런 중대장을 두고 예비군들은 '바늘로 찔러도 피 한 방울 나지 않을'

중대장이라고 뒤에서 수군거리기도 했다.

"특별한 상황입니다. 우리 소대 K 소대원이 이런저런 사유로 부인이 예비군 복장을 갖추고 대리로 훈련에 참석했습니다."

보고를 들은 중대장님도 돌발 상황에 대해 적잖이 황당해하는 표정을 지었다.

"이럴 땐 출석 확인은 됐으니까, 소대장 직권으로 귀가 조치하세요."

그동안 중대장님은 공과 사를 엄격히 구분했을 뿐, 완전히 냉혈한은 아니었다는 것을 그때 알게 되었다. 그분에게도 인간미가 있고 따뜻한 가슴을 지닌 훌륭한 예비군 지휘관이라는 걸.

그 훈련이 있고 나서 5개월 후, 남편을 대신해 예비군 훈련에 대리 참석했던 후배의 부인은 상급 부대에서 하사하는 특별 표창을 받았다.

어떤 상황에서도 훈련을 빠지면 안 된다는 투철한 애향심과 애국심의 본보기로 우리 지역 예비군 중대에서 사단장님께 수상을 건의하였던 것이다.

지금도 그 일화는 지역 예비군시의 잊히지 않는 미담으로 종종 이야깃거리가 되곤 한다.

삼 형제

1980년 11월 16일. 8년 연애 끝에 이른 나이에 결혼을 했다.

혼사는 어느 집이나 큰 경사다.

자식을 성장시켜 결혼을 시켰으니, 부모님으로서는 책임과 의무를 다 했다는 생각에 날아갈 듯 홀가분하셨을 것이다.

그것이 화근이 되었다.

아버지는 몇 년에 한 번 술을 드시는데, 한번 술을 마시기 시작하면 절제를 못 하셨다. 식사는 뒷전이고 몇 날 며칠 오로지 술만 드시다가 체력이 바닥이 나서 못 일어날 때쯤이면 자연스럽게 음주는 종료가 되었다.

그 기간은 대략 한 달 정도였다. 그리고 또 회복하는 데 한 달쯤 걸렸다. 이런 순환 과정이 종종 되풀이되었다. 본인 스스로 그것을 알기 때문에 여간해서는 술을 입에 대지 않았다.

그런데, 둘째 아들의 결혼식이 끝나고 기분이 좋은 나머지, 동네 분들의 축하주를 뿌리치지 못하셨나 보다. 이리저리 피해 다니시다가 결국엔 술을 입에 대고 말았다.

그렇게 음주가 시작된 지 보름째 되던 날, 아버지는 그동안의 순환 과정을 거치지 않고 영영 일어나지 못하셨다. 혼사를 치른 지 보름 만에 이번에는 잔치가 아닌 장례를 치르게 된 것이다. 그때 아버지의 나이 64세였다.

장례를 마치고 나니, 크게 유산이랄 것도 없이 남기고 가신 자산은 졸지에 과부가 된 어머니와 우리 5남매, 게딱지보다 조금 클까 말까 한 방 세 칸짜리 낡은 집 한 채, 그리고 간신히 가족들의 식량을 생산해 내던 남녘 벌의 논 세 블록이 전부였다.

그때까지 한 번도 재산에 대해 생각해 보지 않았던 나는 그 가치가 얼마큼인지, 또 그 유산을 어떻게 분배해야 하는지 전혀 상식도 지식도 없었다.

생전에 아버지는 아들이 셋이고 논이 세 블록이니, 하나씩 나누어 주면 공평하다고 말씀하셨다. 지금이야 딸들에게도 똑같은 비율로 상속이 되지만, 퍼줄 밥보다 담아 갈 그릇이 더 많은 실정이었으므로 딸들은 아예 제쳐 놓았다.

혼자 곰곰이 생각해 보니 형님은 뱃속의 아이까지 포함해 아이가 다섯이나 되었다. 나는 20대 신혼이었고, 막내는 열여덟 미성년자였다.

막내를 불러 최대한 이해할 수 있도록 내 생각을 설명하고 설득했다.

"우리는 아직 젊으니 얼마든지 우리의 앞길을 개척할 수 있다. 그러니 유산을 포기하고 형님에게 몰아주자."

"무조건 형 말에 따를게요."

막냇동생이 내 말을 이해했는지 어땠는지는 모르겠으나 고맙게도 순순히 내 말을 따라 주었다.

하지만, 아쉽게도 형님은 상속받은 그 땅을 오래 지키지 못했다. 그것을 팔아 지금 살고 있는 4층짜리 건물을 지어 두어 칸 임대를 놓고 1층은 식당, 4층은 살림집으로 쓰고 있다.

  그 후, 나는 허허벌판에 맨몸으로 부대끼며 살아왔다. 가끔 '소도 비빌 언덕이 있어야 한다'는 말을 여러 번 실감했지만 나 혼자의 힘으로 지금까지 헤쳐 나왔다.

  막냇동생 역시 객지에서 자리 잡기까지 나보다 더한 고통과 시련을 겪었을 테지만, 단 한 번도 원망을 하거나 불평을 하는 소리를 듣지 못했다.

  지금은 나도 그런대로 아쉬움 없이 살고 있고, 동생도 나름대로 자수성가하여 잘 살고 있다.

  행복은 부와 명예에서 나오지 않는다. 사소한 것에서부터 시작해서 꽃을 피운다.

  그리고 남이 쥐여 주는 것이 아니라, 스스로 가꾸고 만들어 가는 것이다.

  자신의 삶에 만족하고 하고 싶은 일들을 하며 살아가다 보면, 권태나 지루함이 끼어들 틈이 없다.

  그 하고 싶은 일들이란 결코 거창한 것이 아니다.

양 일 성

양 창 성

양 국 성

외화벌이

1979년, 제대와 동시에 취업을 하여 몸담았던 설계사무실을 퇴직하고, 드디어 내 개인 사무실을 개업했다.

간신히 작은 책상 3개와 집기 몇 개를 구입하고, 직원이라고는 달랑 고교 후배 1명을 채용하여 측량과 토목설계 업무를 시작했다. 당시 면(面) 단위의 업무라곤 새마을사업의 일환으로 마을 농로 포장과 하수도 정비 정도였으며, 설계용역비는 한 건에 7만 원인데 그나마 면사무소 결재 담당의 몫으로 건당 2만 원을 챙겨 가면 사실상 별 볼 일 없는 봉사에 불과한 일이었다.

한 달 내내 해보았자 사무실 월세와 직원 월급을 제하고 나면 그야말로 빈털터리, 그 빈곤을 언제나 벗어날지 가늠이 안 되었다.

그런 상황임에도 자의 반 타의 반으로 등 떠밀리다시피 하여 1980년 결혼을 했다. 부엌 하나가 딸린 단칸방에서 신접살림을 시작했다.

그곳에서 겨울을 나고 여름을 나고 다시 겨울을 맞이했다. 얇은 판자로 된 천장 위는 허공으로 간신히 슬레이트 지붕이 덮여 비를 막았다. 단열이 전혀 되지 않은 그 집은 겨울에는 얼어 죽지 않는 것이 신기할 정도로 추웠고, 여름에는 반대로 극심한 더위에 시달려야 했다.

1982년, 당시 붐을 이루던 해외 취업에 관심이 쏠렸다. 1년만 고생하면 방 3개짜리 집 한 채는 살 수 있다는 말에 솔깃해 일단, 도전을 해보기로 했다.

우연히 동아건설에서 근로자를 모집한다는 광고가 눈에 띄어, 서울 동아건설 본사를 무작정 찾아갔다. '해외 취업 지원 신청서'를 작성한 후, 시험 날짜를 받았다. 바로 1주일 뒤였다.

시험 날, 몇 명을 뽑는지, 만약에 뽑히면 어느 나라도 가는지도 모르고 시험을 치렀다. 내게 그런 것은 중요하지가 않았다. 어떻게든 시험을 통과해 돈을 벌어야겠다는 생각뿐, 그만큼 나는 절실했다.

하지만, 시험이 문제였다. 어떤 문제가 출제되고 어떻게 답변을 해야 하는지, 시험에 대한 사전 정보는 그야말로 제로 상태였다. 수험 대상자는 73명이었고, 전국에서 나와 같은 처지의 절박한 젊은이들이 모여든 것 같았다.

운7 기3이라고 했던가.

시험은 이틀에 걸쳐 진행됐는데, 이게 웬일? 시쳇말로 짜고 치는 고스톱이라는 말이 생각날 정도로 내게 유리하게 돌아갔다. 어떻게 내가 알고 있는 사항들만 쏙쏙 뽑아 질문하고 실행을 해보라고 하는지….

내가 생각해도 어안이 벙벙할 정도로 나는 독보적인 해답을 내놓아 만점을 받았다. 결과는 2명이 선발되었다.

이후, 얼마나 빠르게 일정이 진행되는지 출국일이 13일 후로 잡혔다. 내가 출국해서 일하게 될 나라는 '사우디아라비아'라고 안내서에 명시되었다.

군대 3년도 다녀왔는데, 까짓 1년을 못 견디겠나. 하지만 혼자 남아 있을 아내가 걱정이었다. 그야말로 생이별을 해야 하는 현실이 원망스럽고 안타까웠지만, 더 나은 미래를 위해 받아들여야만 했다.

열흘 남짓, 길지 않은 시간 내에 짐을 챙기고 생필품을 구입하고, 사무실 일도 대충 정리하고, 정신이 하나도 없이 보냈다.

출국 날짜를 불과 1주일여 남겨놓고 기적이 일어났다. 아내가 입맛을 잃더니 구토를 했다. 여러 가지로 신경을 쓰느라 몸이 쇠약해졌겠거니 했는데, 병원에서 임신이란 진단이 나왔다.

뛸 듯이 기뻤지만, 배가 불러오는 임산부를 두고 떠나야 하나? 하는 생각에 걱정이 배로 늘어났다. 하지만, 다른 한편으로 생각하면 혼자 두고 가는 것보다는 비록 뱃속이지만, 두 사람을 두고 가는 것이 적이 안심이 되기도 했다.

상황이 이렇게 전개가 되고 보니, 해외 근무를 하게 된 것이 얼마나 다행인지 몰랐다. 이젠, 정말 돈을 따블로 벌어야 하니까.

아내와 큰댁 식구들의 환송을 받으며 난생처음으로 '보잉 747' 점보 비행기를 올랐다. 처음 타보는 비행기가 얼마나 큰지 2층까지 객석이 있었다.

비행기가 이륙을 하자, 마음이 복잡해졌다. 지역의 잡다한 업무에서 해방되었다는 생각에 홀가분하기도 하고, 긴 시간 가족을 떠나 있어야 한다는 생각에 울컥하기도 했다.

12시간 비행하는 동안 기내에서 대형 스크린으로 영화도 보고, 빵과 밥으로 된 기내식도 두 번이나 먹었다. 모든 게 신기함의 연속이었다.

미지에 대한 기대감과 설렘 속에 내 가슴은 두근두근 방망이질을 해대고 있었다.

열사의 나라, 사우디아라비아

그곳 시간 새벽 3시.

12시간의 비행 끝에 드디어 사우디아라비아 다란 공항에 도착했다. 비행기에서 내리니 훅 끼치는 열기에 숨이 턱 막혔다. 아니, 덥다는 말로는 표현이 안 될 정도로 뜨거웠다. 장거리 비행으로 비행기 엔진이 열받은 것으로 생각했다.

하지만 새벽에도 35도 이상이 유지된다는 것을 훗날 알았다. 승용차를 타고 2시간을 달려 얇은 합판으로 지은 숙소에 당도했다.

새벽에 도착해 피곤하니 짐을 먼저 풀고 점심때까지는 취침을 하란다.

점심 식사시간이라고 식당으로 가라는 신호를 받고 숙소 문을 여는 순간, 이게 뭐야? 반사적으로 다시 문을 닫았다.

몸은 시원하게 에어컨이 가동되는 숙소에 있고, 얼굴만 빼꼼히 숙소 바깥으로 내밀었을 뿐인데, 헤어드라이어를 최고 열풍으로 틀어 얼굴 한 뼘 앞에서 쏘는 듯한 열기가 느껴졌기 때문이다.

열기구가 폭발한 듯한 뜨거운 열기라니….

식당 안내를 해 주시는 분이,

"왜 안 나오셔? 오늘은 쬐끔 따끈하네~."

숙소 내부의 시원함과 밖의 열기가 교차되는 출입문에서 순간 '젠장! 이거 잘못 왔네' 하는 탄식이 저절로 터져 나왔다. 숙소에서 식당까지는 약 30m 거리인데 너무 뜨겁고 괴로운 열도(熱道)였다.

예수님의 고행길이, 독립군의 광복을 위한 투쟁 길이, 고단했던 부모님들의 인생길이 이렇게 괴로웠을까.

하여간 첫날, 너무 당황했던 열사의 나라 열기와의 무지막지한 첫 대면이었다.

숙소는 한 방에 6명이 생활하고 있었다. 병원 입원실처럼 개인별 침대가 양쪽으로 세 개씩 벽을 향해 붙어 있었고, 사생활 보호용 커튼으로 둘러쳐 있었다.

구성원은 동일 직종이 아닌 혼합 직종으로 연령은 50대 중후반이 주를 이루었고, 나는 가장 어린 나이로 27살이었다. 그곳에서 나는 한국에서 막 현장에 도착했다는 뜻의 '강된장'으로 불리게 되었다.

공동 일터, 공동 숙소, 공동 취사장, 공동 샤워장 등등, 모든 시설물들의 이름은 공동 명칭이 붙어 있었으며 다만, 군대와 거의 동일한 구조에서 기상 시간은 동일해도 취침 시간과 점호 시간이 없다는 자유로운 생활 구조였다.

일하기 싫으면 10일 전에 귀국 의사를 밝히고 잔여 기일의 범칙금을 변제하면 귀국이 가능한 업무 구조인데, 중도에서 귀국하는 사람은 거의 없었다.

다만, 간간이 한국에 남아 있는 아내의 탈선 소식으로 중도에 귀국하는 분들은 더러더러 볼 수 있었다.

더운 날씨 정도가 아니라, 너무 뜨거운 열기(熱氣) 속에서 숨쉬기가 괴로웠다. 내장까지 익는 듯한 열기. 이 열기 속에서 일 년을 어떻게 버티나가 고민스러웠다.

처음, 열사의 환경에 적응하기 전, 중도에 귀국할 경우 위약금이 만만치 않아 모두들 이러지도 저러지도 못하고 어쩔 수 없이 견뎌 냈다고 하는 후일담을 웃어 가며 남의 이야기하듯 주고받았다.

인간은 환경의 지배를 받고 어떤 악조건에서도 점차 적응이 되어 가나 보다. 고통과 저주스러운 일주일이 지나갔다. 그래도 여전히 힘들고 괴로웠다.

폭염과 모래 폭풍 속에 밀려드는 입자가 고운 모래가루는 머리에 있는 구멍이란 구멍을 모조리 파고들어 왔다. 입구멍, 눈구멍, 콧구멍, 귓구멍에 온통 으적거리는 모래가루로 인해 샤워는 점심시간과 저녁 시간에 두 번은 기본으로 해야 했다.

현장에 도착한 지 2주일이 지나고 보니 영상 50도의 열기에 어느새 적응된 듯 크게 뜨거움을 느끼지 않게 되었다. 그런대로 뜨겁긴 해도 지낼 만했다.

아라비아의 감옥

현장의 업무는 옛날 H 건설의 사우디아라비아 주베일항 건설 신화가 생생하게 살아 있는 주베일시 공업단지의 기반을 조성하는 현장에서 하게 되었다.

골조 측량.

즉, 시설물과 구조물 등이 위치할 중심점을 표시하고 건설의 기초가 되는 기준을 설정해 주는 측량 업무를 담당하는 일이었는데, 생각만큼 수월하지가 않았다.

국내에서는 주로 평판과 폴대와 줄자로 100m 이내의 거리를 측정하고 도면에 표시하는 간단한 작업이 대부분이었다. 그런데, 사우디아라비아 현장은 스케일이 국내와는 비교 자체를 할 수 없을 정도로 광대하여 측점과 측점의 거리는 최소 200여 m에서 최대 2km(더 이상은 열기로 발생하는 아지랑이 탓으로 오차가 생겨 측정 금지)로 육안 식별이 불가능하여 사수와 부사수는 무전기로 의사소통을 해야 했다.

그러므로 아무리 정교한 줄자라 해도 측정 거리와 뜨거운 기온 때문에 허용 편차 ±2mm로 주어지는 한계에서는 사용할 수가 없었다.

자연스럽게 정교한 스웨덴제 'T-2 자동 거리 측정기'를 사용할 수밖에 없었는데, 이 또한 국내에서는 듣도 보도 못한 신형 측량기계라서 사우디아라비아 담맘시 회사 출장소에 가서 별도 교육을 받아야 했다.

어쨌든 측량기계를 다룰 수 있는 독보적인 기술자가 되고 보니, 기계를 충격 없이 모시고(?) 다닐 현장 출퇴근 겸 작업 차량을 배정받았다.

운전면허증이 없었지만, 먼저 사용했던 한국인 사진이 붙어 있는 면허증으로 자동차를 운행하는 데는 큰 무리가 없었다.

"아랍 경찰들은 한국인을 식별하지 못해. 그러니까 걱정하지 않아도 돼. 단, '과속'만 하지 말고."

이렇게 나는 자동차 운전을 지도해 주는 교관도 없이 혼자의 힘으로 사막에 나가 한 30분 정도 왔다 갔다 운전 연습을 한 후, 바로 차를 끌고 다닐 수 있게 되었다. 운전면허증을 먼저 받고 주행 연습을 나중에 한 모양새가 되었다.

국내에서 오토바이를 탔던 경험으로 쉽게 운전을 터득하고 개인 작업 차량을 운전하고 다니는 드라이버가 되었다.

비록 현장 내였지만, 현장의 규모가 30km 정도가 되어 공구와 구역, 지역으로 나뉘었다. 골조 측량이라는 게 핵심 포인트만 몇 점 찍어 놓으면 대·중·소형 풍상비와 웰포인트공, 콘크리트공, 토공, 목공… 등등 종합적으로 10여 일 이상의 작업량을 만들어 놓는 일거리 제조기였다. 따라서 모든 작업은 공사 일정 계획표를 본 후, 스스로 알아서 자율적으로 진행을 해야 하는 일종의 프리랜서와 같은 업종이었다.

여태껏 대중교통인 버스만 이용하여 이동했었는데, 스스로 운전하여 목적지로 이동할 수 있으니 너무 편리하고 시간도 단축되었다.

공사 현장 내의 최고 속도는 50km 이내로 규정되어 특별한 상황이 아니면 무조건 서행이다. 지급받은 일제 도요타 반 트럭은 계기판에 최고 속도 120km로 되어 있었으나, 전임자들의 과속으로 인한 차량 사고가 빈번해서인지 현장에 있는 대부분의 차량은 속력을 내는 액셀러레이터 하단부에 굵은 나사를 용접하여 세게 밟지 못하는 장치가 되어 있었다.

하지만, 측량 작업 차량은 주로 사막 모래에서 작업을 하기 때문에 사막에 빠지는 경우가 일상적이다. 액셀의 유격이 좁을 경우, 동력 전달이 제대로 되지 않아 측량 작업 차량은 예외로 속력 줄임 장치를 해제시켜 일상적으로 60km/h 이상으로 주행했다.

더위가 아닌 열기가 극에 치달은 9월 중순쯤, 별생각 없이 80km/h의 속도로 출근을 하는데 사이렌을 요란하게 울리며 현지 경찰 순찰차가 내 차를 가로막더니 따라오라는 손짓을 했다.

과속이었다. 나도 내 차도 바로 영창행이었다.(사우디아라비아에서는 차도 운전자와 함께 영창행) 에어컨도, 전등도 없는 현지 경찰서 감옥이라고 한다. 당시엔 연락할 기구도 방법도 몰라, 회사에서는 내 위치가 확인 불가하여서 그곳에서 며칠을 보내게 됐다.

약 15평 정도 되는 그곳은 이미, 이런저런 사유로 각국의 범법자들이 10여 명 들어와 있었다. 구금된 지 2일 차에 한국인이 한 명 더 들어와 그나마 한국말로 여러 가지 이야기를 나누며 무료함을 달랬다.

각국의 범죄자(?)들과 혼합되어 푹푹 찌는 열기와 아랍인 특유의 냄새가 버무려지니, 아마도 모기, 파리조차 줄행랑을 칠 정도로 썩은 오물통 같은 악취가 풍겼다.

각국의 음식 또한 제각각이라서 국가별로 인편을 통해 식사는 알아서 해결하라고 한다. 담배는 개인별로 기호 담배 명칭을 쓰고 담뱃값을 간수에게 전해 주면, 신기하게 담배와 함께 거스름돈까지 전달되었다.

영창 쇠창살 너머 운동장 한가운데 대형 배수관 모양의 구조물 하나가 눈에 띄었다. 저건 뭐냐고 물어보니, 금주의 나라인 사우디아라비아에서 음주를 하다가 적발된 범죄자들의 영창인데 뚜껑이 없어서 하루 종일 해를 피해 바람기 하나 없는 그 뜨거운 열통 안(직경 5m, 높이 7m)에서 해를 피해 시시각각 계속 돌아야 한단다.

한 열흘 가둬 놨다가 태형 열 대 얻어맞고 강제 출국을 해야 한다고 했다.

(술이 웬수지!)

회사에 연락이 닿아 하룻밤 자고 풀려났다.

각 회사별로 경찰서에 해결사로 출입하는 '섭외'라는 직종이 있는데, 이는 주로 현지인들이며 무시할 수 없는 왕족들의 먼 친인척들로서 이들을 통하면 문서와 서류를 생략하고 400리얄(약 10만 원)의 벌금만 물면 그냥 풀어준다.

"골조 측량팀은 바쁠 게 없으니 천천히 다녀라."

사무실 소장님의 훈시 한마디로 이곳에서의 내 특별한 영창 경험은 마무리가 되었다.

단, '과속'만 하지 말라던 말이 그제야 이해가 되었다.

가족을 생각하며

뜨거운 나라다.

보통 오전 8시에 업무를 시작해서 12시에 점심, 그 후에는 너무 뜨거운 관계로 1시간 동안 낮잠을 잔다.

오후 일과는 2시부터 6시까지다. 일을 마치고 숙소에 도착해 샤워를 하고, 7시부터 저녁 식사 시간이다. 그 이후는 자유 시간이다.

다람쥐 쳇바퀴 도는 식으로 손에 익은 단순 업무의 연속 속에 반년의 세월이 지났다. 아내가 규칙적으로 보내주는 편지는 열사의 나라에서 필사적으로 견디고 있는 열기를 식혀 주는 청량제 역할을 톡톡히 했다.

그러던 중, 더욱 힘과 용기를 준 것은 1983년 1월 22일 아들을 출산했다는 소식이었다.

지구의 반 바퀴를 돌 정도로 먼 거리이기도 하였지만, 그 당시 우편 상황으로 편지가 한 번 도착하려면 약 10일~15일이 걸렸다. 그래서 그 기쁜 소식은 2월 중순이 되어서야 도착을 했다.

뛸 듯이 기뻤다. 그때의 그 기쁨을 어찌 말로 다 표현을 하랴. 지금까지는 두 식구뿐이었는데, 이제부터는 세 식구의 가장이 되었다. 가족을 부양해야 한다는 의무와 책임감이 새롭게 부여되었다.

그리고 이어 내 집 마련을 위해 주택조합에 가입했다고 주택 평면도가 도착됐다. 나는 열사의 나라에서, 아내는 단칸방에서 한눈팔지 않고 열심히 미래를 설계하고 있었다.

도면에 그려진 대로, 방 세 칸과 거실, 주방, 욕실이 딸린 주택에 입주할 수 있다는 큰 희망이 그 어떤 어려움도 견딜 수 있게 했다. 퇴근 후에는 늘 머릿속에 그 집을 상상하곤 했다.

오늘은 안방 문짝 한 개를 벌었구나. 내일은 작은방 창문 값을 벌고 모레는 주방을 짓고 욕실을 꾸밀 돈을 벌어야지…. 이런 상상만으로도 사막의 모래폭풍과 열기, 그리고 줄줄 흐르는 습기 정도는 큰 장애가 되질 않았다.

이 정도야 별거 아니지. 집주인 눈치 안 보고 아내와 아들과 세 식구가 함께 오순도순 살아갈 수 있는 집을 구입할 수 있다는 사실만으로 신기하게도 매일매일이 고단함 없이 즐거웠다.

회사와 단기로 계약했던 1년이 다가왔다. 경제적으로 여유가 있고 풍족했으면 이 더운 나라에 더 있고 싶은 근로자가 어디에 있겠나.

이곳에서 일하는 각국의 근로자들은 한결같이 더 잘살아 보겠다는 일념으로 몸뚱이를 녹이는 듯한 열기 속에서도 인내와 인고의 시간을 젊음과 맞바꾸고 있는 것이다.

아내에게 1년 더 해야겠다고 편지를 보냈다. 아직 집을 살 돈이 부족했기 때문이다.

아내는 내 결정에 따르겠다고 했다. 그동안 아이를 잘 키우고 있겠다고. 우리는 다른 말은 하지 않았지만, 서로가 각자의 위치에서 얼마나 힘들게 현실을 견디고 있는지 잘 알고 있었다.

1년 연장 근무 신청서를 냈다. 회사에서는 대환영이었다. 신규 사원이 새로 배치되어 업무를 익숙하게 보기까지의 시간을 벌었기 때문이다.

1983년 7월 6일.

더 큰 희망을 위해, 사우디아라비아 주베일시 공업단지 배수로 공사장에서 더욱 새로워진 마음으로 업무에 임했다.

영상 55도.

이 정도의 온도에서는 열기로 달궈진 자동차 보닛 위에서 달걀흰자는 완전히 익고 노른자는 반숙이 되었다. 적재함에 실려 있던 캔 콜라는 팽창을 견디다 못해 펑펑 폭발을 하기도 했다.

무지하게 뜨겁던 연장 근무 첫날이었다.

사막에 피운 꽃

사우디아라비아 현장 2년 차.

2년 차가 되면 별명이 바뀐다.
1년 차는 강된장.
2년 차는 묵은 된장.
3년 차는 숙성 된장.
4년 차는 썩은 된장이다.

사막의 나라, 열사의 나라라고 해서 사계절이 없는 건 아니다.
12월~3월까지는 이곳도 겨울철인데, 아침 기온은 섭씨 약 18℃~23℃ 정도가 되었다. 내의를 입고 겨울 점퍼를 입어도 몸이 덜덜 떨릴 정도로 추웠다.
아침에 출근을 해서 장작불을 피우는데, 작업반장이 정색을 하며 불은 절대 피우면 안 된다고 한다. 행여 유전에 불이라도 붙으면 회사가 망한다는 이유에서다.
가끔은 예보 없이 장맛비가 쏟아져 홍수가 나기도 하는데, 비의 양이 어마어마하여 평지였던 사막에 계곡이 형성되기도 한다. 하지만 잠시 후, 그 많던 빗물은 어디로 다 흘러갔는지 흔적도 보이지 않았다.

현장 숙소는 사막 위 평평한 곳을 롤러로 다진 후, 바닥 콘크리트를 하고 베니어합판으로 마치 창고처럼 벽을 세우고 지붕을 얹었다. 내부는 그래도 그럴듯하게 꾸며 쿠션이 좋은 스프링 침대를 사용할 수 있었다.

실내에서는 동남아에서 통용되는 글로벌 슬리퍼인 일명 '쪼리'를 신었는데, 장마철엔 물이 무릎까지 차는 바닥에서 돛대 없는 배가 되어 정처 없이 떠다니는 진풍경도 종종 볼 수 있었다.

2년 차가 되면 내가 직접 관리를 해야 하는 업무보조인, 즉 외국인을 5~7명 붙여준다. 업무보조인의 역할은 특별할 것은 없지만, 측량 기점을 표시하는 나무 말뚝 만들기와 말뚝 대용의 철근 자르기이다.

사막은 모래라서 말뚝이 잘 박힐 것 같지만, 모래의 밀도가 높고 모래와 회 성분이 혼합된, 흡사 바위와 같이 단단해서 주로 철근으로 말뚝을 박았다. 업무가 많은 날은 2톤 이상을 사용하는 날도 빈번해서 작업 인원들도 비례적으로 많이 투입되었다.

한국인들은 이러한 인부들의 작업반장으로 임명이 되는데, 이들의 근무성적을 평가하는 역할까지 겸해야 한다. 만약, 그들 중 누구라도 작업반장의 지시사항에 반기를 들 경우, 군대 체계와 같이 위계질서의 문란과 항명죄로 강제 출국 대상이 될 수도 있다.

때문에 그들은 매사에 순종하고 복종을 해서 연장근무의 혜택을 얻어내기 위해 무조건 Yes와 Okay를 입에 달고 근무를 해야 했다. 오래진, 그곳에서도 약소민족의 설움은 존재했다.

그들의 국적은 참 다양했다. 이란, 오만, 필리핀, 태국, 이집트, 몽골 등 주로 못 사는 나라의 국민이었으며, 해외 출국 시 반드시 브로커를 통해야 하는 구조로 거의 해외 근로 6개월 치의 금액을 선납해야 했다.

그러한 이유로 근무 중 강제 출국이나 1년만 근무하고 귀국을 해야 하는 상황이 발생하면, 이는 곧 가정 파산으로 이어진다고 봐도 과언이 아니다. 어떻게 해서든 2~3년은 벌어야 그나마 빚 없이 살 수 있는 형편이라고 한다.

2년 차 근무라고 해서 별반 달라진 것은 없다. 같은 현장, 같은 업무의 연속이라서 큰 어려움은 없었다. 내장을 익히는 듯한 열기와 열풍에 눈도 못 뜨고 숨도 크게 쉬지 못하게 몰아치는 모래폭풍(할라스 바람)도 대수롭지 않은 일상적인 일들로 여겨졌다.

이런 악조건의 기후는 한 달에 5일가량 정기적으로 밀려드는데, 이때는 잠시 작업을 중단하고 그나마 그늘이 드리워진 콘크리트 교량 박스 속으로 들어가 다국적 수다 삼매경에 빠져든다.

5~7개국 대표들(?)의 영어, 아랍어, 한국어에 만국 공통어인 보디랭귀지로 고향 이야기를 풀어놓으면 완전 상급 코미디 프로가 따로 없다.

모두들 어떻게 소통을 하고 이해를 했는지 웃음이 끊이질 않는 걸 보면, 그저 신기할 따름이다. 일맥상통되는 이야기는 한결같이 해외 취업 전, 저희 고향에서는 대단했던 인물이었다는 것이며, 부양하는 가족들은 보통 8명 이상이 된다는 것이다. 어느 나라나 식구들이 많으면 먹여 살리기 어렵다는 교훈을 얻는 시간이다.

시간과 세월이 흘러 연장근무 기간도 거의 끝나갈 무렵, 소속 근무 회사인 동아건설에서 사우디아라비아의 인접 국가인 리비아에 대수로 건설공사를 수주했다는 정보가 흘러들었다.

그곳에 설치되는 철근 콘크리트관의 직경이 7m, 길이가 15m로 그 크기가 상상을 할 수 없을 정도로 어마어마했다. 수백 km의 거리에 그 큰 관을 묻어 수로를 만드는 대공사인데, 경험이 많고 숙련된 측량기사가 절실하게 필요하다는 것이다.

시급도 재조정하고 근무조건을 상향 조정해서 리비아로 이동하자는 제안이 들어왔다. 내 개인적인 생각으로는 리비아로 옮겨 1, 2년 정도 더 근무하고 싶었지만, 혼자 결정할 사항이 아니었다. 넌지시 아내에게 의견을 비쳤더니, 더 이상은 안 된다고 이제는 그만 귀국하라고 한다.

그것으로 2년간의 나의 해외 근무는 막을 내렸다. 나와 아내와 아빠의 얼굴도 보지 못하고 태어난 아들까지 고생은 많이 했지만, 내 인생을 긴 안목으로 바라보았을 때, 그 기간이 결코 그냥 흘러간 시간만은 아니었던 것 같다.

국내에서는 경험해 보지 못한 선진 측량기술을 많이 습득할 수 있는 기회가 되었고, 젊었을 때의 특별한 경험으로 나 자신의 엄청난 성장을 이루었다. 비단 경제적인 것뿐만 아니라 사람과 사람과의 관계, 위기에 대응할 수 있는 대처 능력, 리더십 등등, 지금까지 살아오며 내 자존감을 지키고 주변으로부터 인정을 받는 크나큰 자산으로 활용되었음을 부인할 수 없다.

4부

더불어 함께 하는 삶

4부 더불어 함께 하는 삶 · 153

어느 날 갑자기 주민자치 회장으로

"자네, 이리 좀 나오게."

2004년 1월. 주민자치 총회 때, C 주민자치위원장님이 나를 단상으로 불러냈다.

뭘 기록할 게 있나 보다 하는 생각으로 위원장님이 앉아 계시는 단상으로 나갔다.

"뭐 적을 것이라도…?"
"응, 다른 게 아니라…. 이 사람을 주민자치위원장으로 추대하려는데, 다들 어때요?
동의하시면 박수로 통과시켜 주세요."

이렇게 나는 사주팔자는 물론, 오늘의 운세에도 나오지 않는 '향남읍 제2대 주민자치위원장'으로 선임되었다.

언감생심(焉敢生心), 전혀 예상도 하지 않은 주민자치위원장이라는 직책이 내게 부여되었다.

주민자치위원회는 1995년 본격적인 지방자치가 실시된 이후 읍·면·

동 단위에서 자율적으로 운영되던 자문기구다. 법률에 의해 설치는 되었으나 어떻게 운영해야 하는지, 전체 위원들은 경험도 정보도 없이 오로지 시청 행정 담당 공무원들의 지시에 의해 움직이던 단체였다.

관변 단체로의 기능만 수행하는 유명무실한 단체라서 내게는 별 관심거리가 아니었다. 그래서 당일 아침 아내에게 오늘을 끝으로 주민자치위원회를 그만두어야겠다고 말을 했던 터였다.

주민자치위원장으로는 지역의 덕망 있는 S 선배님을 박수로 확정시키고, 나는 탈퇴를 할 계획이었다. 그런데 오늘 주민자치위원장 내정자께서 개인적인 이유로 회의에 불참하셨다. 바로 전날, 지역 W 금융조합의 이사장으로 당선이 되어 두 가지 직책을 함께 수행할 수 없다는 이유였다.

그래서 선임 위원장님의 지명으로 얼결에 내가 2대 위원장이 되었다.

당시 화성시는 2000년 3월 21일 화성군에서 화성시로 승격이 되어 2개의 읍 단위와 12개의 면 단위로 행정이 운영되었다.

특히, 각 읍·면의 주민자치위원장님들의 연령대는 거의 70대 초중반으로 각 지역에서 단체장들을 역임하셨던 어르신들이 주축이 되었는데, 향남읍 온 40대 후반의 내가 선임된 것이다.

타 지역의 위원장님들이 보실 때 그야말로 귀때기에 솜털도 안 벗겨진 새파란 젊은이를 주민자치위원장이라고 선임했으니, 얼마나 눈엣가시였을지 짐작이 가고도 남는다.

그해 2월 중순경, 시청 대회의실에서 각 읍면 주민자치위원장들의 상견례가 있었다.

그날, 회의장 입구에서 참가자 출석 서명을 하려는데, 회의를 진행하는 시청 관계자분이 하시는 말씀.

"대리로 출석하신 총무님은 그냥 입장하셔도 됩니다."

"제가 새로 선임된 향남읍 주민자치위원장입니다."

"에이, 진짜로요?"

읍사무소로 확인을 한 후, 사실임이 확인되자 정말 죄송하다고 사과를 하는 해프닝도 벌어졌다.

그 일은 진정성 없는 형식적인 사과로 일단락이 되었지만, 회의에 동석한 타 지역의 주민자치위원장님들의 곱지 않은 눈초리는 오래도록 지워지지 않았다.

그렇게 시작한 나의 주민자치위원장 시절, 지역 사회를 위해 정말 열심히 일했다.

20여 년이 지난 지금이야 그런대로 주민자치회가 뿌리를 내려 운영이 잘 되고 있지만, 그 당시엔 초창기여서 시행 법규도 운영 규칙도 아주 열악한 상태였다.

그러한 환경 속에서, 젊음의 패기 하나로 열과 성을 다해 지역을 위해 봉사했다. 지금 생각해도 정말 떳떳하고 보람을 느낀다.

현재 주민자치회장실에 가면, 두 번째로 내 사진이 걸려 있다. 그곳에 당당히 한자리를 차지하고 있는 것처럼, 내 삶의 아주 중요한 시기에 그때 그 시절이 아로새겨져 있다. 정말 열심히 봉사했었다고 당당히 말할 수 있을 정도로 나 자신에 대해 자부심을 느낀다.

현재 향남읍사무소 정면 계단 아래쪽에 있는 키 큰 '행정송'에 대한 이야기도 그 시절로부터 유래한다.

어느 날 새벽, 당시 읍장님과 내가 무슨 중요한 일을 보기 위해 이른 시간에 출장을 가게 되었다. 향남지구 택지 개발 공사가 한참 진행되던 그곳을 지나가게 되었는데 이상한 장면을 목격하게 되었다.

대대손손 그 마을을 지키던 소나무를 모르는 사람들이 포클레인으로 파서 막 트럭으로 실으려고 했다. 그냥 지나치려는 순간, 뭔가 석연치 않은 느낌이 들어 차를 세우고 자초지종을 물었다.

인근 지역의 조경업자들이 이권 결탁이 되어 소나무를 무단으로 굴착을 하여 싣던 중, C 향남읍장님과 나에게 발견이 된 것이다.

즉시, 그 행위는 중단이 되었고 N 군의원과 내가 그 나무를 지켜내어 현재의 위치로 옮겨 보존시켰다. 지금은 향남읍사무소의 랜드마크가 되어 오고 갈 때마다 뿌듯함과 함께 보람을 느낀다.

(당시의 굴착, 이동, 재식 등의 사진은 자료화하여 보관하고 있다.)

몸이 굽었는데 어찌 그림자 곧기를 바라겠는가

2005년 2월쯤, 향남읍 주민자치위원장 시절로 기억된다.

수도권역에 있는 읍·면 단위 지역은 3차 산업의 연장 사업으로 각 마을 단위마다 하수도 정비와 마을 진·출입로 콘크리트 포장사업이 활발하게 진행되었다.

생활 개선의 가장 기본적인 주민 편익사업을 전개할 때라서 한 해에 20여 개 마을을 선정한 후, 각 300만 원의 획일적인 금액에 맞춰 공사를 시행했다. 이러한 마을 공사는 주민들의 자발적인 참여가 아닌, 전문 업체에 의뢰를 하여 일을 진행시키는 방식이었다.

이러한 공사 발주권이 주민자치위원회로 하달되어 이를 공고한 후, 신청을 받았다. 약 40여 곳의 마을별 공사 계획서가 접수되었다.

접수된 순서대로 신청지를 답사하여 확인한 후, 최종 결정을 해야 하는 임무 수행의 직책을 갖고 하루에 서너 곳을 방문하였다. 개략적인 도면을 만들어 답사를 하고, 반복적으로 같은 업무를 진행해 나갔다.

이런 일은 내가 현재 직업으로 하고 있는 전문적 업무로서, 그야말로 '척 보면 압니다'였다.

지금도 '호형호제'하며 지내고 있는 당시 'ㅅ리 K 이장님'에게 오늘 그 지역을 방문하겠노라고 전화를 했다. 그런데, K 이장님 하는 말, '바쁘신

데 굳이 현장에 안 나오셔도 된다'고 한다.

덧붙여 공사할 구간의 번지를 지정한 후, 콘크리트 포장 공사비만 책정해 주시면 고맙겠다고 연락이 왔다.

뭔가 석연치 않은 느낌이 들어 그 연락을 묵살하고 현장으로 향했다. 아니나 다를까. 포장 공사를 하겠다고 공사비를 신청한 그 번지에는 이미 말끔하게 포장이 끝나 있었다.

어떻게 된 거냐고 물으니, 오히려 나를 원망하는 듯한 태도로 변명을 늘어놓는다.

"다 아시면서 뭘 그러세요. 다 그렇고 그런 거지."

새로운 공사가 필요하지 않음에도 불구하고, 300만 원이라는 돈이 욕심이 나서 허위로 신청을 했던 것이다. 현장 답사 없이 서류만으로 심사를 하고 공사비를 지원했더라면, 꼭 필요한 다른 지역에서 피해를 봤을지도 모르는 일이다.

주민자치위원장을 하면서 지역을 두루두루 살펴보니 그동안 그런 식으로 행정 처리가 된 것이 한두 건이 아니다.

당시에는 이런 나를 두고 깐깐하다느니, 융통성이 없다느니 말도 많았지만, 내 신조는 누가 뭐래도 원칙대로 하자는 것이었다.

20여 년이 지난 지금도 가끔 지역 행사에서 그 옛날 K 이장과 마주친다. 나는 그때 일을 거의 잊고 있는데, 본인이 어지간히 민망했던지 먼저 얘기를 꺼낸다.

"참, 그때 내가 양 회장님한테 큰 실수를 했지요. 허허허허!"

그러고는 필요 이상의 큰 목소리로 파안대소를 한다.
나도 인간이니, 알게 모르게, 또는 본의 아니게 실수를 했을지도 모른다. 하지만, 난 지금껏 양심적으로 살아왔다고 자부한다.

"세월이 지나도 부끄럼 없이 세상을 살아가시자고요. 몸이 굽었는데 어찌 그림자만 꼿꼿하기를 바라겠습니까."

나를 향해, 또 세상 사람들을 향해 마음속의 말을 읊조려 본다.

세월의 흔적은 본인의 몫이다

가끔 어렸을 적에 뛰놀던 초등학교 운동장에 가볼 기회가 있다.

그런데 예전엔 그렇게 크고 넓던 운동장이 지금은 왜 그렇게 작고 좁아 보이는지, 참으로 낯설게 느껴진다.

짧게는 사반세기, 길게는 반백 년 만에 우연히 지인이나 동창생을 만날 때가 있다.

그때는 그렇게 훤칠하고 멋있어 보여 부러움의 대상이었던 존재가 '과연 그때 그 사람이 맞나?' 할 정도로 달라 보이는 경우도 종종 있다.

반대로 그 당시에는 마냥 평범하고 있는 듯 없는 듯하던 얼굴들이 오랜 세월이 지난 후, 다시 만나 가까이에서 보니 믿어지지 않을 정도로 근사하고 품위 있는 모습으로 변해 있기도 한다.

이렇게 달라진 그들의 인상은, 오랜 세월의 영향도 있겠지만, 시대적 흐름에 편승한 나의 가치 기준이 달라진 까닭이기도 하다. 하지만, 가장 중요한 것은 그 긴 세월 동안 그들이 어떤 환경에서 어떠한 마음가짐으로 살아왔느냐에 따라 분위기가 달라졌을 수도 있다.

세월과 시간은 무덤덤하게 꾸준한 것 같지만, 많은 것을 바꿔 놓고 변화시킨다.

세월을 비껴가 한결같이 변함없는 사람이 있는가 하면, 모진 풍파에 시달려 몸과 마음에 굵고 진한 삶의 무늬가 새겨진 사람도 있다.

　평생 큰 풍파 없이 무난한 삶을 살 수 있다면 더없이 좋겠지만, 대부분의 사람들은 이런저런 사정으로 고난도 겪고 그것에서 헤어나오려고 온갖 고생을 감내했을 수도 있다.

　또한, 과감하게 변화를 모색해서 새로운 경험을 쌓아 보기도 하고, 사업이든 꿈이든 엄청난 성공을 이룬 사람도 있고, 뜻대로 되지 않아 아직도 온갖 어려움을 겪고 있는 사람도 있다.

　그러한 과정들은 원하든 원하지 않든 고스란히 몸에 배어, 오랜만에 보는 이에게 새로운 인상을 줄 수도 있다. 그러나, 누구나 객관적인 잣대로 조금 더 낫거나 아니면 그에 조금 못 미치거나 할 수는 있지만, 순간순간에 최선을 다해 살아왔을 것이고 그 나름대로의 삶의 가치가 있기 때문에 함부로 결과를 판단할 수는 없을 것이다.

　중요한 건 누구나 어제보다는 오늘 좀 더 나은 사람이 되고 싶고, 내일은 또 더 성숙한 모습을 보여 주고 싶을 것이다.

　나 역시 마찬가지다. 이루지도 못할 거창한 꿈을 가져본 적은 없지만, 소박한 꿈을 향해 최선을 다해 살아왔다. 그러다 보니 중간에 적당히 놓아버린 꿈도 있고, 그런대로 만족하게 이룬 꿈도 있다.

　아직도 나는 미래를 설계하고 꿈을 꾼다.

　이 나이에 과연 그것이 가능할지, 혹여 객기는 아닌지, 두려움이 없는 건 아니지만, 한편으로는 가슴이 설레고 기대가 되기도 한다.

　세월을 따라 인생도 끊임없이 흘러간다.

　남녀노소, 지위 고하를 막론하고 공평하게 주어지는 하루 24시간, 한 달 30일, 일 년 365일을 어떻게 활용하고 쓰느냐에 따라서 그 결과는 현저하게 차이가 날 것이다.

　노력한 만큼 결과가 주어졌다고 적이 만족하는 사람이 있을 테고, 반면에 세상은 왜 이렇게 불공평하냐고 불만을 표출하는 사람도 있을 것이다.

　하지만, 공평과 불공평은 타인이 판단하고 결정할 일이 아니다.

　오직, 본인 스스로가 판단하고 생각하기 나름인 것이다.

당신은 시의원 후보

2018년 1월, 화성시의 K 지구당 S 위원장이 제의를 해왔다.

"당신을 우리 당 시의원 단독 후보로 추대하고 싶은데 어떠신지요?"
"에이, 저는 그런 쪽에는 전혀 관심이 없습니다."
"저희 쪽에서는 심사숙고하여 결정된 사항이니 재고해 보시기 바랍니다."

일언지하에 거절을 했지만, 사람의 마음이라는 게 종잡을 수가 없어서 솔직히 귀가 솔깃해졌다.
아내에게 그 뜻을 슬쩍 비춰 보았다. 역시나 극구 반대의 의견이다.
"생각해 볼 것도 없이, 인생 추해지니까 그런 거 하지 마요."
아내의 반대와 힐책 속에서도 '단독 추대'라는 말이 걷잡을 수 없이 나를 유혹했다.
훗날 생각해 보니 정치인들이 흔히 남발하는 감언이설에 내가 넘어간 꼴이 되었다.
귀가 얇은 나는 한 닷새 정도 고민과 갈등을 겪은 후, 한번 도전해 봐야겠다는 쪽으로 마음을 굳혔다.
아내에게 시의원 후보를 승낙했다고 이야기했다.

"그렇게 결정했으면 해봐야지 어쩌겠어요. 단, 나는 어깨에 띠 두르고 사람들 찾아다니며 명함 나누어 주는 일은 죽어도 못 해요."

아내는 조건을 붙여 마지못해 허락을 했다.

막상 후보 승낙을 해놓고 보니, 얼떨결에 닥친 일이기도 했지만, 선거운동을 해야 하는 한 달의 대책조차 없는 자신이 한심했다.

제일 급하게 마련해야 하는 것이 경비였다. 아무리 있는 통장을 모두 털어봐도 내 통장의 잔고 350만 원, 오랜 기간 한 푼 한 푼 근근이 모았을 아내의 비상금 3,000만 원, 거기에 7년 만에 얻은 손주의 탄생 축하금 2,000만 원까지 합해 어렵사리 5,000여만 원을 마련했다.

하지만 내 머릿속에는 어디에, 어떻게, 얼마를 써야 하는지 도무지 계산이 서질 않았다.

이렇게 대책도 없이 지역구 사무실에 들르니, 가장 빠른 시일 내로 '당원 가입 원서 120장'을 받아 오라고 한다. 그것이 첫 번째 절차란다.

'이걸 들고 누구를 만나 'K당 입당 원서'를 써 달라고 하나.'

눈앞이 캄캄해졌다. 지금까지 이 지역에서 타인에게 아쉬운 부탁 한 번 안 하고, 오직 그 자존심 하나로 살아온 나였는데… 하는 자괴감에 밤잠까지 설쳤다.

제대로 시작도 해보기 전부터 '정치 입문은 사람이 할 짓이 아니로구나'라는 생각이 머리에서 맴돌았다.

발등에 불이 떨어지니 체면도 이성도 제자리를 찾지 못하고 혼란스러워졌다. 염치불구하고 초등학교 동창인 H에게 달려갔다.

그 친구는 동창생으로서 오랜 관계를 유지하고는 있었지만, 피차에 이런 난감한 부탁은 서로 해본 적이 없는 사이였다. 더구나 이 친구는 내가 소속되어 있는 K당(黨)과는 라이벌인 M당에서 중책을 맡고 있는 신분이었다.

다짜고짜 '당원 입당 원서' 120장이 담긴 누런 대봉투를 내놓으니, 그 친구가 아주 걱정스러운 얼굴로 단호하게 한마디 한다.

"아이고, 멀쩡한 사람 하나 X통에 빠졌네. 애저녁에 하지 마. 당신은 이런 거 못 해."

한참 동안 침묵을 지키며 앉아 있던 그가 '휴~!' 길게 한숨을 내쉬더니, 어딘가에 전화를 했다.

"저 ㅎ 지역 위원장 H인데요. 오늘부터 지방선거 끝나는 날까지 제 직무를 정지시켜 주시기 바랍니다.

제 죽마고우가 상대 당의 후보로 나왔는데, 제가 좀 도와줘야 할 것 같습니다."

전화기 저편에서 큰 소리로 너무나 어이가 없다는 반응을 보이면서 전화는 끊겼다.

이틀 만에 120장의 K당 입당 원서를 그 친구로부터 넘겨받았다.

그 후, 선관위에 예비후보자 등록도 했고, 수원 소재 K 경기 도당에 가서 면접도 보았다. 면접관 5명 앞에서 시의원이 되면 시민을 위해 무슨 일들을 할 것인지에 대한 향후 계획을 주어진 3분 시간에 맞춰 자유발언도 했다.

아직 공천도 받지 않은 예비후보를 달고 있는 상태인데, 후보 등록비 300만 원과 지인들과의 식사 대금을 포함한 기타 부대비가 1,000여만 원이 사용됐다.

아무것도 한 것도 없이 이렇게 큰돈이 지출됐는데, 과연 남은 돈으로 앞으로 선거를 치를 수 있을까 불현듯 걱정이 앞섰다.

규칙적으로 새벽에 서봉산에 오른다.

정상에서 보이는 ㄱ 지역구인 봉담, 정남, 양감, 그리고 향남 지역의 반짝이는 새벽 불빛들이 모두 표(票)로 보였다.

뭐 눈에는 뭐만 보인다더니, 저 보이는 불빛의 절반만 득표해도 당선은 무난할 것 같은 허황된 생각이 머리를 어지럽혔다.

예비후보 등록 일주일 후, K당 ㄱ 지역 당협위원장의 호출이다.

"웬일로 부르셨습니까?"

"아, 다른 게 아니고요. 벌써 입당 원서를 120장이나 받아 오시다니, 능력이 대단하십니다. 내일까지 200장 정도 더 받아 오셔야 되겠는데요."

"뭐요?"

화가 머리끝으로 솟구쳤다. 5초의 망설임도 없이 자리를 박차고 일어섰다.

"현 시간부로 K당 ㄱ 지역 예비후보를 사퇴합니다."

세상에 이렇게 몸과 마음이 홀가분할 수가!

묵은 때가 벗겨지고 앓던 이가 빠진 것 같다는 표현이 바로 이런 기분일까.

애초의 약속과는 너무 다른, 우리의 일반적인 상식으로는 도저히 납득할 수 없는 그들만의 세계가 버젓이 존재하는 곳이 소위 정치판이라는 곳인가 보다.

이로써 약 한 달간의 시의원 예비후보의 시간은 끝이 났다.

노름꾼은 본전 생각에 망한다고 했다.

하지만, 그동안의 시간적 경제적 손해는 또 다른 이면 사회를 엿본 새로운 공부를 위한 학원비라 생각하니 크게 억울할 것도 애석해할 것도 없었다.

결론적으로 아내의 말이 맞았고, 친구 H의 충고가 옳았다.

그동안 나는 지역사회에 조금이라도 도움이 되고자 이런저런 크고 작은 봉사활동에 참여했다. 의회에 입성하면 조금 더 가치 있게 주민들을 위해 봉사할 수 있을 거라는 기대를 가졌었다.

하지만 그 기대는 펼쳐 보기도 전에 물거품이 되었고, 나는 인생의 커다란 공부를 한 셈이었다. 의욕만 가지고는 안 되는 일도 있다는 것을.

정치와 흰떡에는 필요악으로 떡고물이 필요하다는 비유를 온몸으로 체험했다.

덧붙여 내가 알지 못했던 더 큰 수확은 자신의 위치와 임무를 내려놓으면서까지 나를 도와주려고 했던 친구 H의 존재였다. 또한, 적지 않은 금액을 흔쾌히 쾌척하겠다고 연락을 해 온 몇몇 친구들. 이렇게 진정한 친구들이 내 곁에 있다니, 나는 여러 가지 복 중에 한 가지를 더 받은 아주 행복한 놈이라는 걸 알게 되었다.

비록 그들의 기대에 끝까지 부응하지 못한 아쉬움은 남았지만, 죽을 때까지 그 은혜는 못 잊을 것 같다.

OO복지 후원회장

　후원회란 사전적 정의로 어떤 개인이나 단체의 활동, 사업 따위를 뒤에서 도와주기 위하여 조직한 모임이다.

　OO복지 노인센터에서 십여 년 넘게 봉사활동을 해 왔다. 나름 적극적으로 열심히 봉사활동에 참여하다 보니 이 단체의 후원회장이라는 직함을 갖게 되었다.
　이곳은 이름 그대로 삼시 세끼 끼니가 어려운 분들을 모셔다 점심 한 끼를 대접하는 지역의 봉사 단체다.
　가난 구제는 나라님도 어렵다는 말이 있다. 생활 능력이 상실되어 때가 되어도 끼니조차 스스로 해결하지 못하면, 이 얼마나 비참하고 서글픈 처지인가.
　OO복지 노인센터에는 연로하신 분들이 70여 분 계신다. 이분들이야말로 끼니 걱정을 하시는 분들이다. 어느 땐 쌀과 부식을 집에까지 직접 배달해 드리기도 하고, 아울러 전기밥솥의 사용법과 그것을 이용한 간단한 요리법을 가르쳐 드리지만, 워낙 연세가 드신 분들이라 제대로 사용하지 못한다.
　그러다 보니 그냥 쉬운 대로 찬밥 덩이에 물을 말아 시어 빠진 김치와 고추장, 간장 한 종지로 식사를 해결하는 분들이 의외로 많이 있다. 봉고

차로 향남, 팔탄, 양감 지역을 순회하여 이런 분들을 OO복지 노인센터로 모시고 와 따뜻한 점심 식사를 대접한다.

　기본적인 주식과 부식은 지방자치단체에서 공급하지만, 전체 소비량의 70~80% 정도밖에 되지 않는다. 나머지 부족분은 자체 후원회를 결성해서 조달해야 한다.

　이곳뿐만 아니라 다른 이름의 봉사 단체도 사정이 여의치 않기는 마찬가지다. 단체를 운영하시는 분들은 후원회를 통해 주식과 부식은 물론 생필품, 그 외 잡다한 물품들을 후원받는가 하면, 금전적으로도 상당 부분 보충을 해야 한다.

　비록 한 끼지만 점심 식사를 대접하기 위해서는 많은 인원의 자원봉사자가 필요하다. 구조적으로 센터를 총괄 운영하는 센터장이 있고, 뒤에서 후원하는 후원회장, 그리고 모든 회계를 담당하는 경리 직원이 있다.

　이 두 사람은 소액이기는 하지만, 급료를 받고 행정 업무까지 하는 유료 봉사자이다. 나머지 식재료를 사 오는 사람, 김치와 반찬을 만드는 사람, 직접 요리를 하는 사람, 배식을 하는 사람, 식사가 끝나면 설거지를 하는 사람 등등, 생각보다 엄청 많은 인력이 필요하다. 이들은 모두 무료 봉사자들이다.

　내가 그곳에서 주로 하는 일은 여성분들이 요리를 다 해 놓으면 식탁에 밥과 국, 반찬 등을 옮겨 놓는 일과 식사가 끝난 후 설거지를 하는 일이다. 그 외 대외적으로 기부 물품을 후원받아 오기도 하고 기부금을 후원받기도 한다.

　나뿐만이 아니라 그곳에서 봉사활동을 하시는 분들은 모두 순수한 봉사 정신과 사명감으로 일을 하고 있지만, 가끔 이런 호의를 역으로 이용하시는 분들도 있다.

일례로, 어느 날부턴가 인원수를 고려해 넉넉히 음식을 준비하는데도 턱없이 양이 부족했다. 처음에는 일시적으로 일하시는 분들이 가늠을 잘 못했나 했는데, 하루도 아니고 번번이 그런 현상이 일어났다.

원인을 찾고자 처음부터 끝까지 그날의 활동을 주시했다. 결국, 원인을 찾았지만, 참 씁쓸하고 뒷맛이 개운하지가 않았다.

70여 분 중 꽤 많은 수의 어르신들께서 밥이 나오면 먹기 전에 가방에서 검은 비닐봉지를 꺼내 밥과 반찬을 잽싸게 덜어 담아 가방에 넣은 후, 태연하게 다시 배식을 받아 식사를 하는 것이다.

단체에서 제공하는 양만큼만 드시면 좋을 텐데, 행여 집에 가지고 갔다가 음식이 잘못되기라도 하면 더 큰 일로 이어질 수도 있기 때문에 염려를 안 할 수가 없었다. 또한, 정해진 비용의 한도 내에서 운영해야 하는 단체 측의 입장도 고려해야 하는 어려움도 있다.

"아이고, 어머님. 이러시면 큰일 납니다. 음식이 상하기라도 하면 어쩌시려고요."

서로가 민망한 일이지만, 어쩔 수 없이 백팩 깊숙이 감춰진 음식들을 모두 회수해서 폐기 처분할 수밖에 없었다. 이런 일들까지도 후원회장의 책임과 임무 수행의 하나였다.

이런 일 저런 일, 참 다양하게 겪으며 또 각계각층의 사람들을 만나며 함께하던 봉사활동은 코로나19의 여파로 중단하게 되었다.

바르게 살기 운동

어느 정도 생활이 안정된 40대부터는 이런저런 단체 활동을 많이 했다. 그중에는 건강을 위한 스포츠 단체, 개인 취미를 위한 사교 단체, 초등학교부터 대학교까지의 동창회, 직장과 관련된 단체 등등. 그중에서도 봉사활동과 연관된 두세 군데의 단체 중 '바르게 살기 운동' 향남협의회 위원장직을 맡아 봉사를 했다.

바르게 산다는 것.

개인이든 조직이든 바르고 정의롭게 살아야 불평등과 억압이 사라지고 정의와 평등이 보장된다는 것은 누구나 다 아는 사실이다.

처음에는 내가 살고 있는 현대사회가 얼마나 바르지 못하면 '바르게 살기 운동 협의회'라는 이름이 붙은 단체가 있을까? 라는 생각에 슬며시 웃음이 나기도 했다.

이 단체의 사무국장 일을 5, 6년간 맡아서 하다가, 2006년도 초에 화성시협의회 향남읍 위원회장으로 선임되었다.

회원은 주로 향남 지역에 주소를 둔 25명의 선·후배님들로 구성되었다. 회장의 직책은 리더십이 우수하다거나 학력·경제력 등이 우수해서가 아니라, 그나마 현재까지의 사회생활 중 이런저런 나쁜 이력이 없는 자로 선임하는데, 내가 그 구비 조건에 일치하는 항목이 많아 회장으로 선임된 것 같았다.

막상 회장이 되고 보니 생활하는 데 여간 부담이 되는 게 아니었다. 길을 갈 때도 반듯한 자세로 걸어야 하고, 어두운 밤이라고 해서 전봇대에 볼일을 봐서는 더더욱 안 되고, 친구 간에 욕을 해도 안 되고….

누가 그렇게 하라고 지시를 내린 건 아니지만, 나 스스로 정한 안 된다는 규정이 너무 많아 아예 종교적인 성직자에 준하는 삶을 살아야 될 것 같은 생각이 들었다.

한마디로 바르게 산다는 것은 몸에 밴 행동과 이를 고스란히 비추는 그림자까지 반듯해야 정석이라고 할 수 있는데, 이러한 표면상의 행동과 내면이 일치되기는 그야말로 성인군자가 아니면 어려울 터였다.

따라서 '그런 마음가짐'으로 살아가자고 생각했다.

'바르게 살기 운동'이란 단체는 직계표에 의하면 정부와 도·시 그리고 읍·면·동 단위의 하부 조직으로 편성되었다. 일단 그 단체에 소속이 되면 알게 모르게 모든 일상생활에서 모범을 보여야 한다는 책임감이 따랐다.

하지만 지부 단독으로 하거나 때로는 각 지부들이 연합해서 벌이는 봉사활동에 참여하는 것만으로도 마음 한편으로 큰일을 한 것 같은 뿌듯함과 보람을 느끼기도 했다.

우리가 참여하는 주된 활동으로는 대략 서너 가지가 있다.

환경 정화 운동 - 이곳저곳에 산적해 있는 쓰레기 수거.

가정 화합 운동 - 퇴근 후 신속한 귀가 장려.

건전한 생활 운동 - 허례허식 없이 능력에 맞게 생활할 것.

올바른 사회 운동 - 모범적이고 솔선수범하는 생활 태도.

이와 같이 모든 면에서 건전한 마음가짐과 생활 태도로 사회에 봉사하고 모든 사회 활동에 활력을 불어넣는 권장할 만한 단체임에 틀림이 없었다.

그런데 이런 긍정적이고 건전한 단체를 빌미로 자신의 개인적 욕망을 채우려는 수단으로 이용하는 사람도 있어 부작용이 발생하기도 했다.

2008년 지방선거가 있던 해, 소속 단체의 정기 월례 회의에서 모 임원 분께서 도의원에 출마한다는 발표를 했다.

이 단체는 대통령령에 의한 단체라서 선거에 직간접으로 관여할 수 없으므로 회원의 직위를 사퇴하도록 권유하였다. 당연히 사퇴 후 선거에 임하는 것으로 알고 있었지만, 이런 절차를 이행하지 않고 일을 진행시켰다.

결론적으로 후보에서 탈락이 되자, 그분은 두리뭉실 아무 일도 없었던 것처럼 제자리에 눌러앉았다. 오히려 적반하장 격으로 모든 회원들이 적극적으로 자신을 도와주지 않았다며 서운함을 내비쳤다.

엄밀히 말하면, 그런 일은 우리 단체에서 해야 할 일과는 거리가 멀었다. 그 사건을 계기로 '바르게 살기 운동' 향남위원회 회원 전원이 협의를 거쳐 그 단체를 탈퇴하게 되었다. 그 후, 다른 지역 협의회까지 탈퇴의 도

미노 현상이 시작되어 지금까지 그 공백을 채우지 못하고 이름만 남아 있는 유명무실한 단체가 되고 말았다.

그 일은 개인의 욕심으로 인해 단체에 해를 끼친 전무후무한 사례로 남았다.

작은 힘이 모여 이룬 기적

2007년 12월 7일, 충청남도 태안군 앞바다에서 기름 유출 사고가 발생했다. 홍콩 선적 유조선 '허베이 스피릿호'와 한국 삼성중공업 소속의 '삼성 1호'가 충돌했다. 유조선 탱크에 있던 무려 12,547㎘의 원유가 태안 인근 해역으로 유출된 대형 해양 기름 유출 사고였다.

해양 기름 유출 사고는 한 번 일어나면 방제 수습이 대단히 어려운 일이라는 걸, 간혹 다른 나라에서 발생한 사고 현장을 TV 뉴스로 접하며 알고 있었다. 막연히 남의 나라 일쯤으로 여겨오다가, 막상 그런 엄청난 일이 우리나라에서 일어나고 보니 도저히 믿어지지 않았고 현실감으로 다가오지도 않았다.

하지만 날이 갈수록 그 사건에 대한 문제점은 심각해졌다. 개인의 힘으로 해결될 일은 아니었지만, 국민의 한 사람으로서 무엇을 어떻게 해야 할지 막막하기만 했다. 마음만 앞서고 직접적으로 도움이 되지 못하는 것에 대해 자조적인 회의감이 앞섰다.

지역의 소규모 재앙이 아닌 국가적 큰 재앙으로 국민 전체가 힘을 모아야 한다는 정부의 호소 속에 소속 단체인 '바르게 살기 운동' 회원으로 봉사활동을 하기 위해 실제 상황이 펼쳐진 태안반도 만리포 바닷가로 향했다.

직접 눈으로 본 현장은 TV 화면으로 보던 것보다 훨씬 더 참혹했다. 온통 검은빛으로 물든 모래사장과 하얀 포말 대신 시커먼 파도가 밀려오는 바다. 기름을 뒤집어쓴 해안의 돌들, 그리고 코를 찌르는 듯한 기름 냄새.

근처의 높은 산을 제외하고는 온통 검은 페인트를 뿌려놓은 듯 찐득찐득한 검정 기름 덩어리 그 자체였다. 흡착 패드를 해변에 쭉 깔아 놓았지만 역부족이었다. 지자체에서 지급하는 흰색 방호복과 고무장갑, 기름을 퍼 담을 통, 면포 걸레, 마스크 등을 개인별로 지급받고, 잠시 머뭇거릴 새도 없이 그 자리에 쭈그리고 앉아 기름 제거 작업을 시작했다.

고인 기름은 쓰레받기로 떠서 통에 퍼 담고, 돌무더기는 한 개씩 뒤집어 가며 면포 걸레로 닦아내고….

"아고 아고! 어우~, 에효~, 아~"

해도 해도 끝이 없을 것 같은, 엄두가 나지 않는 현실에 모든 이의 입에선 한결같이 깊은 탄식과 한숨이 연속적으로 터져 나왔다. 반복되는 정화작업에 공업용 마스크를 착용했지만, 지독한 기름 냄새로 속도 매스껍고 눈도 뻑뻑해졌다.

때가 되니 시장기가 느껴졌지만, 그런 상황에서는 간단한 김밥조차 언감생심 사치였다. 하지만 어느 누구 하나 불평불만을 하는 사람이 없었다. 그만큼 눈앞에서 펼쳐지는 상황이 심각하다는 증거였다.

자원봉사에 나선 사람들은 우리만이 아니었다. 전국 각지에서 남녀노소를 막론하고 모두가 자발적으로 참여해 열악한 조건에서 순수한 봉사

정신으로 헌신하고 있었다. 그중에는 코흘리개를 막 벗어난 어린 초등학생도 있었다. 그 고사리 같은 손으로 기름을 퍼 담고 돌을 닦았다. 그 모습을 보면서 역시 대한민국 국민들은 참으로 훌륭하다는 생각에 울컥해지기도 했다.

이 모두를 시쳇말로 'K 자원봉사자'라는 명예스러운 이름을 붙여주고 싶다.

나는 그 후로 두 번이나 더 봉사활동을 다녀왔다. 아내와 함께 갔을 때는 만리포 근처의 모항에서 하루 종일 돌을 닦았다. 그날따라 바람도 많이 불고 몹시 추웠지만, 조금이라도 더 기름을 닦아내야겠다는 생각에 인내심으로 버티며 어둑어둑해질 때까지 돌을 닦고 또 닦았다.

세 번째는 '방위협의회'에서 젊은 장정들 여러 명이 다녀왔다. 모두가 힘을 보태겠다고 쉬지도 않고 열심히 일했다. 그런 회원들이 고마웠고, 그 단체의 일원인 내 자신이 자랑스러웠다.

한 달이 지나고 두 달이 지나도 오염된 기름이 줄어들기는커녕 해결될 기미라고는 전혀 보이지 않았다. 전문가들도 완전히 회복되려면 30년은 족히 걸릴 거라고 했다. 그러면 그곳의 바다 생물들과 그 마을 사람들과 그 바다를 생업의 터전으로 삼고 살아가는 사람들은 어떻게 될까. 생각할수록 답답하고 걱정이 되었다.

하지만, '십시일반'이라는 말과 '티끌 모아 태산'이라는 말이 엄청난 힘을 발휘했다. 끊임없이 전국에서 모여든 작은 손길 하나하나가 기적을 만들어 냈다. 30년이 걸린다는 회복 기간이 무색하게 단 2년 만에 그 지옥 같던 바다와 주변 환경이 제 모습을 되찾았다. 아무도 예상하지 못했던 기적이 일어난 것이다. 아니, 어쩌면 그것은 단순한 기적이 아니라 모든 이들의 정성에 하늘이 감동해서 내려준 은혜인지도 모른다. 전 세계 전문가들도 정말 불가사의한 일이라고 입을 모은단다.

이 얼마나 위대한 대한민국 국민들인가.
거의 20년이 지난 지금 생각해도 그때 그 일은 잊을 수가 없고, 그 자원봉사 현장에 내가 있었다는 것 자체가 너무 뿌듯하고 자부심을 느낀다.

백 고무신 누님 표 고추장

　대학교 졸업 후 2000년대 중반쯤, 화성시에서 설립한 화성시 '그린 농업대학'에서 신입생 모집 요강이 발표되었다. 농·축·수산·화훼업 종사자들을 위한 1년 과정의 교육이라고 한다. 예외 규정으로 농업 종사자가 아니더라도 사회봉사 300시간 이상인 사람은 해당이 된다고 했다. 나는 사회봉사 시간이 1,000점도 훨씬 넘었다. 화성시 자원봉사센터에서 봉사시간 확인서를 발급받아 첨부한 후 학교에서 제의하는 직업 관련 과가 아닌 '마케팅과'에 입학 원서를 냈다. 면접을 보고 며칠 후 합격 통지서를 받았다.

　3월 초 입학식 날 가보니, 농업·화훼·생활 개선 등 농업에 종사하는 새마을 지도자, 이장, 읍면 단위의 지도자분들과 각 분야의 전문가들이 주로 입학하였다. 각자의 영역에서 활동하시는 분들이 대부분이라서 전문 분야에 대한 공부에 애착이 많아 보였고 향학열이 활화산처럼 뿜어 나오는 듯했다.

　전체 신입생들을 대강당에 집합시킨 후 당해 기수의 총회장을 선출해야 한단다. 누가 누구인지, 더군다나 사는 곳도 이름도 나이도 아무것도 모르는 상태에서 치르는 깜깜이 선출인가. 아니면 각자 알아서 써 내는 교황님을 선출하는 방식의 콘클라베(Conclave)를 여기서도 볼 수 있는 건가? 상호 간에 깜깜인 상태에서는 당선의 묘수가 있다. 우리 과에서 억지춘향 격으로 1명을 후보자로 내세웠다. 우리 과원들이 40명이니까 그냥 40명이 몰표를 주면 무조건 당선될 수 있는 분위기였다. 어차피 상호 간에 서로 모르는 입장이니 별수 없이 몰표를 받은 후보자가 총회장이 되는 것은 묻지도 따질 것도 없이 선출 전에 예견할 수 있는 확실한 결과였다.

마케팅과 원들은 눈짓, 턱짓으로 우리 과 K에게 몰표를 주어야 한다고 순식간에 '담합 공작'을 펼쳤다. 엄지와 검지를 동그랗게 말아 보이는 오케이 표시 릴레이가 과원들 간의 수신호로 완료되었다. 형식적으로 이름 석 자를 써 내는 선거가 끝난 후, 개표랄 것도 없이 몰표를 받은 우리 과 K가 압승을 했다. 그렇게 해서 K는 화성시 그린 농업대학 제OO기 총회장님으로 선출되었다. 이후 K 회장님은 졸업 후 20여 년이 지난 지금까지 우리 기수의 총회장님으로서 인격과 예의를 갖추고 흠잡을 데 없이 맡은 바 임무를 수행하고 있다.

학교 수업 중 교양 과목의 하나로 컴퓨터 과목이 있었다. 나는 그나마 대학교에서 컴퓨터로 리포트를 써 본 적이 있고, 설계사무실 종사자로서 컴퓨터를 사용해야 하는 일이 많아 컴퓨터가 낯설지 않았다. 함께 입학한 W읍에서 오신 누님들은 본업이 농업인지라 컴퓨터는 이곳에 와서 처음으로 만져 본다고 한다. 옆에서 컴퓨터 사용법을 알려 주고 도와드리는 것보다는 차라리 과제를 그냥 내가 몇 인분 더 하는 게 효율적이고 속이 편했다. 그중 누님 한 분은 발이 편하다는 이유로 주야장천 남성용 흰 고무신만을 신고 다녔다. 그래서 별명이 아예 '백 고무신'이었다. 하지만 우리는 좀 더 친근하고 발음하기 편하게 '빽 고무신'이라고 불렀다. 그 분은 그 지역 부녀회 총회장님으로, 주로 자비로 마련한 메주·엿기름·고 춧가루 등을 주변의 어려운 분들에게 나누어 주었다. 또, 고추장을 1년에 100kg 이상씩 직접 만들어 1kg~2kg짜리 플라스틱 용기에 담아 독거노인 이나 차하위 계층에 있는 분들께 무료 나눔 봉사를 한다. 여기에 들어가 는 모든 경비는 본인이 부담한다. 나눔과 봉사를 자신의 행복으로 여기는 그 동네의 전설적 '빽 고무신 누님'이다.

지금도 매년 거르지 않고 연중행사로 고추장을 담아 나눔을 실천하고 있다. 모쪼록 골골거리지 말고 더욱 건강하고 활기차게 고추장을 만들어 열심히 퍼 나르시기를 응원한다. 그 어느 것보다 맛있는 빽 고무신 누님 표 고추장. 모내기철이 끝나면 바로 연락이 올 것이다.

"동상~. 고추장 담아 놨으니 시간 내서 가져가~. 그리고, 여기저기 필 요한 사람들에게 부지런히 퍼 날러."

신내림을 받아야

서둘러야 할 일을 게을리하여 낭패를 만드는 것은 태만(怠慢) 이다.

해서는 안 될 일, 불가능한 일에 손바닥에 침 뱉고 팔을 걷어붙이는 것은 우둔(愚鈍) 이다.

할 수 있는 일임에도 방법을 그르쳐 사태를 악화시키는 것은 무능(無能) 이다.

포장지에 내용물과 맞지 않는 다른 상표를 붙여 판매하는 것은 속임수 다.

이러한 것들은 어느 직장과 단체든 해고(解雇) 의 사유에 해당된다. 그러나 현대사회는 이러한 사유가 비일비재하다. 이러한 일들을 적든 크든 저질러놓고 적발되면 오히려 큰소리친다. 옛날엔 더했고, 직원과 담당자의 실수라고….

무엇이 잘못되고 삐뚤어진 것인지에 대한 근원은 관심 밖이고, 이런 잘못된 결과를 어떻게 상대편이 알아차리도록 허술하게 진행시켰느냐고 오히려 담당자에게 책임을 전가시키는 일이 우선적인 해결책이다.

'오른손이 한 일은 왼손이 모르게'에서 '우리가 한 일은 상대방이 모르게'로 세상살이가 온통 미로이며, 한 번도 가보지 않은 정글 속을 헤매는 형상이다.

전쟁터에서 지휘관은 부하 병사에게 임무를 부여하며 당부를 한다.

"임무 완수하고 꼭 살아서 돌아오라."

시대가 바뀜에 따라 사회 지도층과 권력층은 각 부서별 담당자들에게 무언의 눈빛으로 하명을 내린다.

"꼭 안 걸리게 잘하고, 노출될 시 책임은 네가 뒤집어써라."

그리고 진실이 드러나지 않게 최면을 건다. 입은 자물쇠로 굳게 채우고 어찌어찌하다 자물쇠가 열리게 되면 시원하게 답해라.

"잠시 신내림을 받았었노라."

허상과 허위, 그리고 잠시 눈가림이 만연한 내로남불의 위선적 세상에 함께 어울리고 뒹굴고 적응하며 사는 게 올바른 처신인지, 판단과 구분 또한 어려운 게 작금의 세태이다. 정녕 혜안의 신내림이 절실하고 간절한 세상에 살고 있음이다.

쌀이나 한 포대 갖다 먹어라

　한곳에서 태어나 그곳에서 자라고 그곳에서 생활 터전을 일구어 살아가는 사람들은 행운일까 불행일까. 나는 향남면 평리 80번지에서 태어나 그곳에서 자라고 지금까지 70여 년을 이곳을 떠나본 적이 없다. 그러다 보니 자연스럽게 동네 어르신들이나 선배님들은 어른이 된 후의 나로 바라보지 않고, 언제까지나 코흘리개 어린 시절의 나로만 생각했다.

　내가 전공을 살려 이곳에 토목설계사무실을 개업했을 때, 그분들의 도움을 많이 받은 것은 사실이다. 하지만 4~50년 전, 그 당시의 정서로 동네 어르신들이나 선배들은 내 업무와 관련된 일들이나 그 외 행정 업무, 기타 복잡한 서류가 동반되는 까다로운 일들을 모두 내가 대행해 주고 해결해 주는 심부름꾼 정도로 여겼다. 나는 엄연히 간판을 걸고 사업을 하는 입장인데도, 그들은 툭하면 나를 불러 "이것 좀 처리해라", "저것 좀 해결해 달라"는 등, 보수도 없는 요구 사항이 이만저만이 아니었다.

　드물기는 하지만, 그런 일은 아직까지도 간혹 이어진다. 며칠 전, 열 살 정도 나이가 많으신 동네 어르신이 전화를 했다. 내 나이도 이제 70이니 그분의 나이는 80 정도 된 것 같다.

"내 땅이 등기가 잘못되어 그걸 바로잡아야 하는데, 네가 좀 맡아서 해 다오."

"그 일은 행정사 사무실에 가서 하셔야 하는데요."

"글쎄, 거기서는 돈을 내라지 뭐냐."

당연히 내게 일을 맡기면 돈 들이지 않고 해결을 볼 수 있다는 생각을 하신 것 같다.

수년 전, 지금 생각해도 참 어처구니가 없었던 일이 생각난다. 초등학교 선배 J가 설계를 의뢰해 왔다. 일단 구두로 계약을 하고 일을 시작했다. 당연히 받아야 할 계약금은 나중에 주겠다는 말만 믿고 받지 않았다. 선배는 하루 지나면 이렇게, 또 하룻밤 자고 나면 저렇게, 조금 과장해 내 인내심을 테스트라도 하듯 대여섯 번이나 설계를 변경했다. 그러는 사이 서너 달이 흘렀다. 급하다고 매일매일 재촉을 하던 때와는 달리 그 선배, 한동안 잠잠하다 싶더니 어느 날 느닷없이 찾아와서 하는 말,

"아무래두 이 일은 내가 잘 아는 다른 설계사무실에 맡겨야 할 것 같네."

화가 머리끝까지 치솟았지만, 어쩔 수 없는 노릇이라고 생각하고 마음을 가라앉혔다.

"편하신 대로 하세요."

그런데 그 선배, 더욱 기가 찬 말로 나를 폭발시켰다.

"이 설계도 이제 자네한테는 필요 없지? 그러니까 그냥 내가 가져갈게."

참 염치가 없어도 유분수지, 어떻게 그런 얄팍한 꿍꿍이로 속이 훤히 들여다보이는 잔머리를 굴릴 수가 있는지, 그 선배의 인격을 의심하지 않을 수가 없었다.

또 하나 에피소드. 약 20여 년 전, 초·중학교와 군대 훈련소까지 동기였던 M의 부친께서 현재 살고 있는 집이 너무 낡아서 헐어버리고 새집을 지어야겠다고 의뢰가 들어왔다. 사무적으로 말하면 '업무 의뢰'를 위탁하신 것이다. 나는 마땅히 내가 해야 될 일이라고 생각해서 계약금도 받지 않고 일을 진행했다.

주택을 새롭게 짓는다는 것은 간단해 보이지만, 이에 수반되는 각종 제반 법규와 규정 또한 일일이 열거할 수 없을 정도로 복잡하다. 크게 세 가지로 분류해 보면, 첫째, 진출입로는 확보되었는지? 둘째, 식수의 공급은 어떤 방법으로 해결할 것인지? 셋째, 오·폐수는 어떻게 처리할 것인지? 등등이다. 이런 일들은 개인이 할 수 없는 일이므로 당연히 규정된 수수료를 지불하고 등록된 전문적인 사무실에 의뢰를 하는 것이다.

이런 절차에 따라 토목설계를 하고 관계 기관에 접수하여 준공을 받고, 다음 단계로 건축 설계를 거쳐 공사를 하고 몇 개월 후 번듯하게 집이 완성되었다. 수개월간의 기간이 흐르고 새집에 입주까지 마쳤는데, 의뢰인에게서 아무런 소식이 없이 감감이다. 그동안의 경비는 일의 원활한 진행을 위해 내가 모두 선납했다. 친구의 아버님이다 보니 금전적인 것을 너무 재촉하는 것도 민망하여 이리저리 눈치만 보고 있는 상황이었다.

여름이 가고 가을걷이도 끝난 어느 날, 그분이 전화를 하셨다. 내심 모든 일이 완료되었으니 용역비를 입금하겠다는 전화인 줄 알았는데, 전혀 뜻밖의 말이 수화기를 통해 흘러나왔다.

"추수도 끝났으니 쌀이나 한 포대 갖다 먹어라."

이게 웬 날벼락인가? 선심 쓰듯 쌀이나 한 포대라니? 그동안 들어간 돈이 거의 내 두 달 치 월급과 맞먹는 금액인데….

지금은 웃으면서 그때를 반추한다. 생각해 보면 이런저런 웃지도 울지도 못할 별의별 일을 다 겪었지만, 내가 태어난 고장에서 뿌리를 내리고 살아가는 것에 대해 조금의 후회도 없다. 오히려 어릴 때부터 늘 알고 지내던 주변 사람들을 위해 내가 할 수 있는 한 봉사도 하고, 또 내가 해결해 주어야 할 일은 기꺼이 도와드리고, 그분들과 어울려 살아온 내 인생에 자부심을 느낀다. 지금까지 행복하게 살아온 만큼 앞으로도 이곳에서 행복하게 살아갈 것이다.

바로 보고 제대로 살자

사는 곳.

해석이 분분하다.
사람이 사는 곳은 주거지(住居地)이고, 새들에게는 서식지(棲息地)인데, 사람이나 새들이나 한결같이 보금자리를 알뜰살뜰하게 꾸미고 살고 싶어 하는 것은 같다.

하지만 같은 맥락에서 볼 때 식물은 조금 다르다.
저절로 나서 자라면 자생(自生)이며, 잔뜩 집단으로 모여 이룬 무리는 군락(群落)이고, 사람이 일부러 가꾸는 것은 재배(栽培)라고 한다. 사람이 어패류를 기르면 양식(養殖)이고, 짐승을 기르면 사육(飼育)이라 한다.

그러니까 인간과 동식물이 살아가는 방식에는 차이가 확연하게 존재한다. 저마다의 방식이 복잡하고 다양한 형태로 나타나고 있음에도, 대체로 모두가 외압에 크게 힘들어하지 않으며 자신의 방식대로 만족스럽게 살아간다. 기특하게도 먹고살기 위해 부지런히 자신들의 삶을 꾸려간다.

이렇듯 각자도생이거나 원조를 받는 삶이거나 간에 현실에 순응하는 눈높이의 조절이 필요함은 무시할 수 없는 중요한 일이다.

눈길은 시선(視線) 이다.
보고 있는 지점은 시점(視點) 이다.

눈길이 이어져 시점에 다다를 때, 그 높낮이에 따라 차별적 분류의 강도는 매우 크다.

우선 대상을 똑바로 바라보는 것은 정시(正視) 이다. 당당하게 상대방을 마주 보는 동작이다. 반면 아래에서 위를 쳐다보는 굴종적 눈길은 앙시(仰視) 이며, 위에서 아래를 내려다보는 눈길은 부시(俯視) 다. 거만하게 얕잡아 보는 눈길은 경시(輕視) 이며, 이것이 심해지면 멸시(蔑視) 와 천시(賤視) 에 이른다.

함께 어울려 살아감에 있어서 언제든 상황과 위치에 따라 눈길의 높낮이가 달라질 수 있다. 하지만 변화무쌍한 눈길보다는 사물과 사람을 제대로 판단하는 시력(視力) 이 더욱 필요하다.

모습을 바르게 파악하고, 존비(尊卑)와 귀천(貴賤)을 따지는 근시(近視) 와 원시(遠視), 난시(亂視) 를 극복하는 것이 우선이어야 한다.

사물과 사람을 대하는 나의 시선은 어느 곳에 고정되어 있는지, 다시 한번 나를 돌아보는 아침이다.그 많던 빗물은 어디로 다 흘러갔는지 흔적도 보이지 않았다.

5부

인터뷰 & 컬럼

[인터뷰] 양창성 향남면 주민자치위원장
"은서양 돕기 통해 따뜻한 화성의 마음 알린게 자랑스러워"

강두석 기자 news@ihsnews.com

"'은서양 돕기 운동' 캠페인은 지금까지 무슨 일이든 앞장서서 해 본 적이 없는 제게 개인적으로 많은 감명을 주었고, 많은 것을 배우는 계기가 됐습니다. 우리 화성이 아직은 이렇게 따뜻한 곳이구나 하는 감격스러움도 많이 느끼게 됐구요.

지난해 11월 7일부터 한 달 간 '은서양 돕기 운동'을 펼쳐 대한민국을 놀라게 한 향남면 주민자치위원회 양창성 위원장은, 이 캠페인을 통해 일상적으로는 얻기 힘든 소중한 경험들을 많이 얻게 돼 개인적으로 무척 보람있고 의미있는 일이었다고 술회한다.

"사실 처음에 우리 주민자치위원회에서는 한 달 예정으로 캠페인을 시작하면서 모금 목표액을 1천만원 정도로 잡았었습니다. 우리가 은서 양을 살리는데 조금이라도 보탬이 되었으면 좋겠다는 생각 하나로 모두가 힘들어도 한 달만 같이 고생하자고 의기투합해 시작하기는 했지만, 처음 해보는 일인데다 향남이 농촌 지역이어서 모금액에 대해서는 어떤 확신도 가질 수 없었습니다."

그렇게 시작한 캠페인이었다. 그러나, 그들의 예상은 캠페인을 시작한지 하룻 안에 보기 좋게 빗나가고 말았다. '은서양 돕기 운동'이 시작된 11월 7일 하루치 모금액이 1천만원을 훌쩍 넘어선 것. 캠페인에 나섰던 자치위원들 모두가 반신반의하면서도 새로운 가능성을 확인할 수 있었고, 더 큰 의욕을 불태울 수 있었다.

▲ 양창성 향남면 주민자치위원장

예상 뛰어넘는 실적에 모두가 반신반의

"모금 과정에서의 에피소드는 이루 다 말할 수 없을 만큼 많아요. 기억에 남는 분들이 많지만 그 중에서도 특히 남루한 옷차림에 아이를 업고 모금함을 찾은 30대 중반으로 보이는 아주머니가 지금도 눈에 선하게 떠오릅니다. 그 아주머니가 모금함에 넣은 하얀 봉투에는 '아가야! 병마를 훌훌 털고 빨리 나아 세상으로 나오렴'이라고 씌어 있었어요. 봉투 안에는 10만원이 들어 있었는데, 그 분에게 10만원은 상당히 큰 돈이었을 겁니다. 그 봉투를 본 우리 자치위원들은 모두 눈물을 머금은 감동을 느꼈습니다.

또 한 70대 할머니는 주머니를 털어 모두 모금함에 넣고 나서 집까지 걸어가신다고 하셨습니다. 어디 사시느냐고 묻자, 팔탄에 사신다며 어려움에 처한 이웃을 돕는 일에 더 많은 도움이 되지 못함을 못내 미안해하시는 표정에서 숙연함을 느끼기도 했단다.

"은서 양은 향남면 상신리에 거주하는 이제 막 5살이 된 아이입니다. 태어난지 1년쯤 지난 때부터 이상증세를 보여 왔는데, 가정형편이 어렵다보니 변변한 치료 한 번 받지 못한 채 지내왔다더군요. 그러다 지난해 9월 갑자기 쓰러져 병원에 가보니 담도 폐쇄증으로 인한 비장 경색과 간경화가 진행되어 간 이식 수술을 빨리 받지 않으면 생명이 위태롭다는 판정을 받았다고 해요. 그러나 가정형편이 어렵다 보니 막대한 수술비를 마련할 길이 없어 그 부모는 발만 동동 구르는 상황이었답니다."

어려운 가정형편에 수술은 엄두도 못내

이런 상황은 마을 이장을 통해 향남면사무소에 전달되었고, 당시 향남면사무소의 박미랑 총무계장(현재 시청 미래전략팀 근무)이 이 소식을 듣고 주민자치위원회에 도움을 요청하였고, 향남면 주민자치위원회 회원 25명 전원이 이에 적극 찬성, 모금활동에 나서게 됐다.

"모금활동이 시작되자 각계에서 온정의 물결이 넘치더군요. 화성시 공무원들을 비롯, 시내 각 종교단체들과 각급 학교는 물론 금융기관과 사회단체 등에 이르기까지 정말 많은 분들이 모금에 동참해 주셨습니다. 향남에서는 초등학교 동문회에서도 적극 나서 모금운동을 벌였고, 발안농협 이사진들은 이사회를 마치고 수당으로 지급된 봉투를 뜯지도 않은 채 모금함에 넣어주시는 등 많은 분들이 저희와 함께 은서 양 살리기에 동참하셨습니

2014-07-06

화성신문 2006.01.04.
[인터뷰] 양창성 향남면 주민자치위원장

"은서 양 돕기 통해
따뜻한 화성의 마음 알린 게 자랑스러워"

"'은서 양 돕기 운동' 캠페인은 지금까지 무슨 일이든 앞장서서 해 본 적이 없는 제게 많은 감명을 주었고, 많은 것을 배우는 계기가 됐습니다. 우리 화성이 아직은 이렇게 따뜻한 곳이구나 하는 감격스러움을 많이 느끼게 됐고요."

지난해 11월 7일부터 한 달간 '은서 양 돕기 운동'을 펼쳐 대한민국을 놀라게 한 향남면 주민자치위원회 양창성 위원장은, 이 캠페인을 통해 일상적으로는 얻기 힘든 경험들을 많이 얻게 돼 개인적으로 무척 보람 있고 의미 있는 일이었다고 술회한다.

"사실 처음에 우리 주민자치위원회에서는 한 달 예정으로 캠페인을 시작하면서 모금 목표액을 1천만 원 정도로 잡았었습니다. 우리가 은서 양을 살리는 데 조금이라도 보탬이 되었으면 좋겠다는 생각 하나로 모두들 힘들어도 한 달만 같이 고생하자고 의기투합해 시작하기는 했지만, 처음 해 보는 일인데다 향남이 농촌 지역이어서 모금액에 대해서는 어떤 확신도 가질 수 없었습니다."

그렇게 시작한 캠페인이었다. 그러나, 그들의 예상은 캠페인을 시작한 지 하루 만에 보기 좋게 빗나가고 말았다. '은서 양 돕기 운동'이 시작된 11

월 7일 하루치 모금액이 1천만 원을 훌쩍 넘어선 것. 캠페인에 나섰던 자치위원들 모두가 반신반의하면서도 새로운 가능성을 확인할 수 있었고, 더 큰 의욕을 불태울 수 있었다.

예상을 뛰어넘는 실적에 모두가 반신반의

"모금 과정에서의 에피소드는 이루 다 말할 수 없을 만큼 많아요. 기억에 남는 분들이 많지만, 그중에서도 특히 남루한 옷차림에 아이를 업고 모금함을 찾은 30대 중반으로 보이는 아주머니가 지금도 눈에 선하게 떠오릅니다. 그 아주머니가 모금함에 넣은 하얀 봉투에는 '아가야, 병마를 훌훌 털고 빨리 나아 세상으로 나오렴'이라고 쓰여 있었어요. 봉투 안에는 10만 원이 들어 있었는데, 그분에게 10만 원은 상당히 큰돈이었을 겁니다. 그 봉투를 본 우리 자치위원들은 모두 눈물을 머금는 감동을 느꼈습니다."

또한, 70대 할머니는 주머니를 털어 넣고 나서 집까지 걸어가신다고 하셨다. 어디 사시느냐고 묻자, 팔탄에 사신다며 어려움에 처한 이웃을 돕는 일에 더 많은 도움이 되지 못함을 못내 미안해하시는 표정에서 숙연함을 느끼기도 했단다.

"은서 양은 향남면 상신리에 거주하는 이제 막 5살이 된 아이입니다. 태어난 지 1년쯤 지난 때부터 이상 증세를 보여 왔는데, 가정 형편이 어렵다 보니 변변한 치료 한 번 받지 못한 채 지내왔다더군요. 그러다 지난해 9월 갑자기 쓰러져 병원에 가 보니 담도 폐쇄증으로 인한 비장 경색과 간경화가 진행되어 간 이식 수술을 빨리 받지 않으면 생명이 위태롭다는 판정을 받았다고 해요. 그러나 가정 형편이 어렵다 보니 막대한 수술비를 마련할 길이 없어 그 부부는 발만 동동 구르는 상황이었답니다."

어려운 가정 형편에 수술은 엄두도 못 내

이런 상황은 마을 이장을 통해 향남 면사무소에 전달되었고, 당시 향남 면사무소의 박미랑 총무계장(현재 시청 미래전략팀 근무)이 이 소식을 듣고 주민자치위원회에 도움을 요청하였고, 향남면 주민자치위원회 회원 25명 전원이 이에 적극 찬성, 모금 활동에 나서게 됐다.

"모금 활동이 시작되자 각계에서 온정의 물결이 넘치더군요. 화성시 공무원들을 비롯, 시내 각 종교 단체들과 각급 학교는 물론 금융 기관과 사회단체에 이르기까지 정말 많은 분들이 모금에 동참해 주셨습니다. 향남에서는 초등학교 동문회에서도 적극 나서 모금 운동을 벌였고, 발안농협 이사진들은 이사회를 마치고 수당으로 지급된 봉투를 뜯지도 않은 채 모금함에 넣어 주시는 등 많은 분들이 저희와 함께 은서 양 살리기에 동참하셨습니다."

그렇게 한 달 동안 모금 운동을 벌인 결과, 모금에 동참한 사람 중 확인된 사람만 185명이고, 실제 모금에 참여한 사람은 1만여 명 정도에 이른 것으로 추산하고 있다. 또 총 모금액은 자그마치 5,745만여 원에 달하는 것으로 집계됐다. 여기에 삼성에서 1천만 원을 기탁했고, 서울아산병원이 한겨레신문과 함께 모금 캠페인을 벌여 전국에서 모금된 2천만 원이 추가됐다. 수술을 맡은 서울아산병원 측에서도 수술비 일부를 감면해 주기로 함에 따라 총 8천여만 원에 달하는 수술비를 7천만 원에 해 주기로 했다.

"병원의 담당 복지사도 놀라더군요. 보통 이런 어려움에 처한 환자를 위한 모금 운동에 1천만 원 이상의 금액이 모이는 경우를 지금까지 보지 못했답니다. 평균 6백~7백만 원 수준이 모금된다더군요. 그래서 우리 화성의 따뜻한 마음을 많은 사람들에게 보여 준 것 같아 기분이 좋더군요."

화성의 따뜻한 마음을 알린 데 만족.

은서 양은 지난 12월 1일 엄마의 간을 이식받는 12시간의 긴 수술을 견뎌 내고 현재 무균실에서 회복 중인데, 회복 속도가 빨라 오는 12일께 건강한 모습으로 퇴원할 예정이란다.

"우리가 모금한 금액 중 4천만 원과 삼성 기탁액 1천만 원, 한겨레 캠페인 모금분 2천만 원 등 모두 7천만 원을 서울아산병원에 지급하고, 우리 주민자치회에서 모금한 금액 중 1,745만 1,270원이 남아, 이를 지난 3월 화성시 자원봉사센터에 기탁하였습니다."

향남면 주민자치회는 모금액 잔여분 처리 방안을 놓고 지난 12월 8일과 28일 2차에 걸쳐 주민자치회를 열어 화성시에 거주하는, 도움의 손길을 필요로 하는 다른 어린이들에게도 도움을 주는 곳이 좋겠다고 결정, 잔여액 전액을 화성시 자원봉사센터에 기탁하게 됐다.

"이번 모금 운동을 성공리에 마칠 수 있도록 모금에 적극 참여해 주신 모든 화성 시민 여러분들에게 깊이 감사를 드립니다. 또한, 화성시 박미랑 계장님의 적극적인 지원이 없었다면 이 캠페인은 시작되지 못했을 것입니다. 그리고 자신의 일처럼 발 벗고 나서 준 우리 주민자치회원 25명 모두에게 위원장으로서 감사드립니다. 특히 최현갑 복지분과 위원은 정말 물불 가리지 않고 모금 운동에 적극적이었습니다. 모든 분들에게 이 자리를 빌려 다시 한번 감사드립니다."

그는 힘은 들었지만, 자신의 생애에서 가장 큰 보람을 안겨 준 이번 캠페인을 통해 항상 감사하며 살아야겠다는 생각을 굳게 다졌다며 환하게 웃는다.

[인터뷰] 양창성 향남면 주민자치위원장
"은서양 돕기 통해 따뜻한 화성의 마음 알린게 자랑스러워"

김두석 기자 news@hsnews.com

▲ 양창성 향남면 주민자치위원장

"'은서양 돕기 운동' 캠페인은 지금까지 무슨 일이든 앞장서서 해 본 적이 없는 제게 개인적으로 많은 감명을 주었고, 많은 것을 배우는 계기가 됐습니다. 우리 화성이 아직은 이렇게 따뜻한 곳이구나 하는 감격스러움도 많이 느끼게 됐구요."

지난해 11월 7일부터 한 달 간 '은서양 돕기 운동'을 펼쳐 대한민국을 놀라게 한 향남면 주민자치위원회 양창성 위원장은, 이 캠페인을 통해 일상적으로는 얻기 힘든 소중한 경험들을 많이 얻게 돼 개인적으로 무척 보람있고 의미있는 일이었다고 술회한다.

"사실 처음에 우리 주민자치위원회에서는 한 달 예정으로 캠페인을 시작하면서 모금 목표액을 1천만원 정도로 잡았었습니다. 우리가 은서 양을 살리는데 조금이라도 보탬이 되었으면 좋겠다는 생각 하나로 모두들 힘들어도 한 달안 같이 고생하자고 의기투합해 시작하기는 했지만, 처음 해보는 일인데다 향남이 농촌 지역이어서 모금액에 대해서는 어떤 확신도 가질 수 없었습니다."

그렇게 시작한 캠페인이었다. 그러나, 그들의 예상은 캠페인을 시작한지 하룻 안에 보기 좋게 빗나가고 말았다. '은서양 돕기 운동'이 시작된 11월 7일 하루치 모금액이 1천만원을 훌쩍 넘어선 것. 캠페인에 나섰던 자치위원들 모두가 반신반의하면서도 새로운 가능성을 확인할 수 있었고, 더 큰 의욕을 불태울 수 있었다.

화성신문
우리지역 대표신문
화성신문

(인터뷰)사랑의노인복지센터 양창성 후원회장
굶은 노인에게 매일 밥 퍼주는 남자

화성신문 news@hsnews.com

▲ ⓒ화성신문

"어릴 때 굶어본 경험 있기에 그 심정 알아요"
지원·후원금 전체 80% 쯤… 관심의 눈길 필요

양창성 회장이 후원회장을 맡고있는 '(사)사랑노인복지센터'는 시 관내에서 노인에게 무료급식을 해 주는 곳으로 유일한 곳이다.

"장기요양기관으로 지정운영하기에 시에서 보조하고 있습니다. 거동할 수 있는 노인은 센터로 직접 찾아와 식사하지만 그렇지 않은 분들에겐 음식을 직접 배달해 주죠. 무료 봉사대원의 협조로 이루어지고 있어 늘 감사하는 마음을 갖고 있습니다. 봉사대원의 90%는 삼성 직원으로 연인원만 3000명 수준으로 활동이 활발합니다."

무료급식은 1주일에 평일 점심때 다섯 번 진행한다. 한번에 80여명 수준의 식사를 준비한다.

2014-02-20

화성신문 2013.12.18.
[인터뷰] 사랑노인복지센터 양창성 후원회장

굶는 노인에게 매일 밥 퍼주는 남자

"어릴 때 굶어 본 경험 있기에 그 심정 알아요."
지원·후원금 전체 80%쯤… 관심의 눈길 필요

양창성 회장이 후원회장을 맡고 있는 '(사) 사랑노인복지센터'는 시 관내에서 노인에게 무료급식을 해 주는 곳으로 유일한 곳이다.

"장기요양기관으로 지정 운영하기에 시에서 보조하고 있습니다. 거동할 수 있는 노인은 센터로 직접 찾아와 식사하지만 그렇지 않은 분들에겐 음식을 직접 배달해 주죠. 무료 봉사대원의 협조로 이루어지고 있어 늘 감사하는 마음을 갖고 있습니다. 봉사대원의 90%는 삼성 직원으로 연인원만 3,000명 수준으로 활발합니다."

무료급식은 1주일에 평일 점심때 다섯 번 진행한다. 한 번에 80여 명 수준의 식사를 준비한다. 그만큼 비용도 만만치 않을 것으로 생각됐다. 이 같은 무료 봉사를 언제부터 하기 시작했는지가 궁금했다.

"2006년부터 지금까지 계속했습니다. 보건복지부와 화성시가 약 70% 수준의 비용을 지원하고 나머지는 후원회가 마련합니다. 후원 회원이 208명으로 매달 고정비를 내줍니다. 이렇듯 보이지 않는 감사의 손길이 있었기에 지금까지 급식이 이뤄진 겁니다."

봉사는 마음과 뜻이 있어야 가능하다는 것은 상식이다. 그만큼 어려운 일이라는 뜻이다. 양 회장이 처음 노인 무료급식을 하게 된 계기가 궁금했다.

"화성시는 제 고향입니다. 2006년쯤에 애정을 갖고 주변을 살피니 어렵게 사는 노인이 보이더군요. 자녀가 돈을 번다는 이유로 기초생활수급을 받지 못해 굶는 노인입니다. 어릴 때 내가 가난했기에 굶는다는 것이 어떤 건지 저는 잘 압니다. 그들은 내 부모님 정도 나이였는데 끼니를 굶은 채 집안에 가만히 누워 있는 모습이 마음 아팠습니다. 그래서 후원회에 가입해 본격적인 봉사활동을 시작한 겁니다. 5년간 회원으로 활동하다가 2011년에 회장이 됐습니다."

노인 무료급식소 후원회장으로 일하다 보면 때로 어려움에 빠질 수 있다. 가장 큰 어려움이 무언지 물었다.

"음식을 만드는 일은 돈이 있어야 가능합니다. 아무래도 금전적인 문제가 많이 발생하더군요. 지금의 지원비와 후원금, 후원 물품 등은 전체 사용량의 80% 수준에 머물러 있습니다. 약 20%는 늘 부족한 상태입니다. 평소엔 빚을 내다가 연말에 기탁이 들어오면 메우는 방식을 반복하고 있습니다. 또 지금의 급식소가 너무 낡았습니다. 40년 이상 된 건물이라 음식을 먹기에 위생적이지 않다는 생각을 하게 됩니다. 시에 새 장소를 요청했지만, 예산 부족을 이유로 거절하더군요."

양 회장은 앞으로 후원을 더 늘릴 계획을 세우고 있었다. 지금의 200여 명 수준을 300여 명 수준으로 올려 양질의 음식을 굶는 노인에게 제공할 생각이다.

화성신문

우리지역 대표신문

화성신문

새해에는 더 행복하고 건강한 삶을 이루시길
양창성 사)사랑노인복지센타 후원회장

화성신문 news@hsnews.com

▲ 양창성 사)사랑노인복지센타 후원회장 ⓒ 화성신문

존경하는 시민여러분.

2013년을 맞이하면서 계획하셨던 많은 일들을 순조롭게 수원성취 하셨습니까? 모두가 어렵고 힘들고 우울함속에서도 늘 잘될 수 있을 것이란 희망을 가슴속깊이 품고 그렇게 한해를 마감하게 되었습니다.

제가 후원하는 사)사랑노인복지센타는 정신적 신체적 이유로 일상생활이 어려운 노인분들에 대하여 수많은 봉사자분들의 정성어린 마음과 마음이 합쳐져 생활편의 서비스를 제공하면서 보다 건강하고 안정된 생활 속에 건강증진과 따뜻한 분위기 속에서 사랑으로 삶의 질과 행복지수를 높이는 일과를 창출하고 있지만 그게 그렇게 쉬운 일이 아니라는 것을 늘 느낌으로 또한 체험으로 알고 갑니다. 그 분들에게 몸과 마음의 불편함에 대해 비관보다는 낙관을 강조하며 센터까지 스스로 거동하는 길을 '행복의 길이며 건강증진의 길'이라 말씀드립니다.

세상만사 모든 일들은 자신이 신뢰하고 믿고 주문한대로 이뤄진다고 하지 않습니까? 올해는 항상 이룰 수 있는 만큼의 소원을 정하고 그 소원이 이뤄질 수 있도록 노력과 실천을 병행해야겠습니다.

어려운 여건 속에서도 소외계층의 노인분의 복지증진을 위해 헌신적으로 업무에 충실하신 박 영순 센터장 님을 비롯한 1000여명의 '화성시내 자원봉사자 여러분'의 노고와 수고덕에 사)사랑노인복지센타의 어르신들은 2013년도를 웃음과 행복으로 마감했습니다. 올해도 사랑노인복지센터의 어르신들께서 더욱 건강하고 행복감에 만족할 수 있도록 희망과 삶의 만족감을 불어넣어 주시기를 부탁드립니다. 늘 함께하는 사회의 구성원으로 사회가 추구하는 복지사회 실현이 우리 센터에서는 낯설지 않은 말입니다.

함께하는 어르신들 그리고 자원봉사자 여러분들의 봉사와 실천으로 몸은 비록 늙어서 거동이 불편함에도 정신건강은 늘 30대 중반이신 어르신들 덕분에 이미 훌륭한 사회복지시설에 한 발짝 더 앞서고 있다고 자부합니다.

함께하는 사회 속에서 소외계층과 사회적 약자일 수밖에 없는 어르신들에게 더 많은 관심과 지속적인 봉사를 기대하겠습니다.

기사입력시간 : 2014년 01월08일 [11:35:00]

2014-04-21

화성신문 2014.01.08.

양창성 사) 사랑노인복지센터 후원회장

새해에는 더 행복하고 건강한 삶을 이루시길

존경하는 시민 여러분.

2013년을 맞이하면서 계획하셨던 많은 일들을 순조롭게 소원 성취하셨습니까?

모두가 어렵고 힘들고 우울함 속에서도 늘 잘될 수 있을 것이란 희망을 가슴속 깊이 품고 그렇게 한 해를 마감하게 되었습니다.

제가 후원하는 사) 사랑노인복지센터는 정신적, 신체적 이유로 일상생활이 어려운 분들에 대하여 수많은 봉사자분들의 정성 어린 마음과 마음이 합쳐져 생활 편의 서비스를 제공하고 있습니다. 보다 건강하고 안정된 생활 속에 건강증진과 따뜻한 분위기 속에서 사랑으로 삶의 질과 행복지수를 높이는 일과를 창출하고 있습니다. 하지만, 그게 그렇게 쉬운 일은 아니라는 것을 늘 느낌으로 또한 체험으로 안고 갑니다. 그분들에게 몸과 마음의 불편함에 대해 비관보다는 낙관을 강조하며 센터까지 스스로 거동하는 길을 '행복의 길이며 건강증진의 길'이라고 말씀드립니다.

세상만사 모든 일들은 자신이 신뢰하고 믿고 주문한 대로 이뤄진다고 하지 않습니까? 올해는 항상 이룰 수 있는 만큼의 소원을 정하고 그 소원이 이뤄질 수 있도록 노력과 실천을 병행해야겠습니다.

어려운 여건 속에서도 소외계층 노인분들의 복지 증진을 위해 헌신적으로 업무에 충실하신 박영순 센터장님을 비롯한 1,000여 명의 '화성시 내 자원봉사자 여러분'의 노고와 수고 덕에 사) 사랑노인복지센터의 어르신들은 2013년도를 웃음과 행복으로 마감했습니다.

올해도 사랑노인복지센터의 어르신들께서 더욱 건강하고 행복감에 만족할 수 있도록 희망과 삶의 만족감을 불어넣어 주시기를 부탁드립니다. 늘 함께하는 사회의 구성원으로 사회가 추구하는 복지사회 실현이 우리 센터에서는 낯설지 않은 말입니다.

함께하는 어르신들 그리고 자원봉사자 여러분들의 봉사와 실천으로 몸은 비록 늙어서 거동이 불편함에도 정신 건강은 늘 30대 중반이신 어르신들 덕분에 이미 훌륭한 사회복지시설에 한 발짝 더 앞서고 있다고 자부합니다.

함께하는 사회 속에서 소외계층과 사회적 약자일 수밖에 없는 어르신들에게 더 많은 관심과 지속적인 봉사를 기대하겠습니다.

'민원허가과' 신설 필요하다

향남읍 양창성(토목측량설계사)

▲ 양창성(토목측량설계사)
ⓒ화성신문

한적한 시골마을의 마을버스 간이 정류장.

하루 서너번 정해진 버스운행시간표에 의한 자율적인 시간계산으로 촌로들은 면사무소의 간단한 업무와 시내 나들이를 위해 삼삼오오 간이정류장에 모인다.

이러한 현상은 하루수회를 운행하는 마을버스회사에서 거의 큰 편차 없이 짜인 버스운행 시간표에 맞춰 버스를 운행해주기 때문에 이용객들에게는 마을버스에 대한 믿음과 신뢰라는 것이 자연스럽게 형성되어 일상생활 속에서도 시간 맞춰 마을버스를 이용하러 모인다는 단순하면서도 당연한 이치 속에서 진행되고 있는 현재 농촌의 마을버스와 이용객들과 엮어진 믿음의 약속 현장이다.

진열된 상품의 수량과 품목은 일반적인 반듯한 슈퍼에는 미치지 못하지만 없는 것 빼고는 다 있는 시골마을의 가게.

주로 중년의 부녀자인 그 댁 며느님께서 가게를 보고 있지만 시내의 볼일, 면사무소 등 마을 부녀회관계로 가게를 비울 때면 시간적인 여유가 있는 시아버지, 농사일 일찍 마친 남편, 학교에서 돌아온 자녀들, 이렇게 온 집안 식구들이 가게를 분담운영하고 있는데 그 어느 가족도 수시로 찾아오는 손님들에게 물건 값을 몰라서 물건을 못 파는 경우가 거의 없다. 정해진 물건 값을 공유하고 있다는 것이다.

현재 진행 중인 화성시 민원행정의 일부단면이다.

건물 한 동 신축하는데 소요되는 시간은 약 1주일인 반면에 민원서류 접수 후 검토, 심의, 논의 등으로 소요되는 시간은 약 70여일 이상이 소요되는 현실 속에서 사업계획에 의한 진행을 언제, 어떻게 예산집행을 진행해야 할지 정확하게 편성하기가 대단히 어렵다.

민원업무처리기간의 지연 등으로 인한 허가처리일 예측불가다. 규정되고 정해진 업무처리기간은 교육, 휴가, 잦은 서류보완 등으로 실종된 지 이미 오래전 일이다.

민원처리부서 담당자들의 길지 않은 자리이동으로 인한 업무의 미숙지와 출장, 교육, 연가, 휴가 등의 공식적인 공석, 읍면별로 업무담당 책임권한이 지정된 현 행정체제에서는 담당자의 이석 중일 때는 그 누구에게도 업무진행에 대한 상의, 논의도 차단되어 민원상담조차 어렵다.

실질적으로 현재의 업무체계에서는 그 업무를 대신할 수 없는 행정구조이므로 민원인들의 답답함은 가중되기까지 한다.

시골의 마을버스도 운행시간을 제때 지켜주고 가게의 물건가격표를 온 집안 식구들도 공유하여 상황에 알맞게 대응하고 있는 단순논리를 빠르고 신속하고 정확하게 발전된 행정집행의 논리로는 영원한 것일까.

2014-06-27

화성신문 2014.06.25.
향남읍 양창성(토목측량 설계사)

'민원허가과' 신설 필요하다

한적한 시골 마을의 마을버스 간이정류장.

하루 서너 번 정해진 버스 운행 시간표에 의한 자율적인 시간 계산으로 촌로들은 면사무소의 간단한 업무와 시내 나들이를 위해 삼삼오오 간이정류장에 모인다.

이러한 현상은 하루 수회를 운행하는 마을버스 회사에서 거의 큰 편차 없이 짜인 버스 운행 시간표에 맞춰 버스를 운행해 주기 때문에 이용객들에게는 마을버스에 대한 믿음과 신뢰라는 것이 자연스럽게 형성된다. 따라서 시간 맞춰 마을버스를 이용하려고 모이는 이 장소는, 현재 마을버스와 이용객들 간에 맺어진 믿음의 약속 현장인 것이다.

진열된 상품의 수량과 품목은 일반적인 반듯한 슈퍼에는 미치지 못하지만, 없는 것 빼고는 다 있다는 시골 마을의 가게.
주로 중년의 부녀자인 그 댁 며느님께서 가게를 보고 있지만, 시내의 볼일, 면사무소 등 마을 부녀회 관계로 가게를 비울 때면 시간적인 여유가 있는 시아버지, 농사일을 일찍 마친 남편, 학교에서 돌아온 자녀들, 이렇게 온 집안 식구들이 가게를 분담하여 운영하고 있는데, 그 어느 가족도 수시로 찾아오는 손님들에게 물건값을 몰라서 물건을 못 파는 경우가 거의 없다. 정해진 물건값을 공유하고 있다는 것이다.

현재 진행하고 있는 화성시 민원행정의 일부 단면이다.
건물 한 동 신축하는 데 소요되는 시간은 약 1주일인 반면에 민원서류 접수 후 검토, 심의, 논의 등으로 소요되는 시간은 약 70여 일이 필요하다. 이런 현실 속에서 사업 계획에 의한 진행을 언제, 어떻게, 예산을 진행해야 할지 정확하게 편성하기가 대단히 어렵다.
민원업무 처리 기간의 지연 등으로 인한 허가 처리일이 예측 불가다. 규정되고 정해진 업무 처리 기간은 교육, 휴가, 잦은 보완 서류 등으로 실종된 지 이미 오래다.
민원처리 부서 담당자들의 길지 않은 자리 이동으로 인한 업무의 미숙지와 출장, 교육, 연가, 휴가 등의 공식적인 공석, 읍면별로 업무 담당의 책임 권한이 지정된 현 행정체제에서는 담당자가 자리를 비울 때는 그 누구에게도 업무 진행에 대한 상의, 논의도 차단되어 민원 상담조차 어렵다.

실질적으로 현재의 업무체계에서는 그 업무를 대신할 수 없는 행정구조이므로 민원인들의 답답함은 가중되기까지 한다.
시골의 마을버스도 운행 시간을 제때 지켜주고, 가게의 물건 가격표를 온 집안 식구들도 공유하여 상황에 알맞게 대응하고 있는 단순 논리를 빠르고 신속하고 정확하게 발전된 행정집행의 논리로는 염원한 것일까.

공직자로서 해박한 지식과 경험을 바탕으로 그에 걸맞은 경륜을 겸비해야 한다는 정책하에 순환보직이라는 명분으로 전문직이 아닌 일반직 직원이 민원 허가 부서에 보직되어 업무를 파악하는 기간이 짧게는 수십 일에서 길게는 수개월.

어느 정도 업무 숙지가 되면 또 보직 변경, 결국 민원처리 기간의 지연으로 인한 그 피해는 고스란히 민원신청인들과 지역사회 경제발전의 지연으로 돌아가는 것은 당연한 이치라 생각한다.

이제부터라도 행정체계의 혁신이 필요하다. 새롭게 바뀌어야만 한다. 그 구태의연함에서 벗어나지 못하고 늘 그 책임만 지고 비전 없는 민원처리 담당자로 그 무겁고 괴로운 짐을 마냥 지고 있게 할 수는 없는 일이다.

민원인들과 민원처리 공무원들에게도 화성시의 발전 정책에 미래 비전의 힘을 불어넣을 수 있도록 협력과 협동의 창조적 공간을 마련해 주어야 할 것이다.

실천 없이 행정적으로만 유지돼 온 '민원허가과'의 신설을 요구한다. 현재의 민원부서의 행정경력과 경륜이 우수한 담당을 원스톱으로 근무할 수 있는 민원허가 처리 담당 부서를 구축하여 현재의 각 부서별로 협의와 협력 그리고 의견서를 수십 일 동안 집약시키지 않아도, 단시일 내에 민원 처리가 가능한 '민원허가과'의 신설이 시급하게 요청되는 현실이다.

민원허가의 내용은 일반적인 사항에서는 약간의 변수, 즉 소재지, 업종, 구성, 구조, 규모 등의 변수가 있지만, 큰 틀에서는 전문가들의 판단으로는 크고 복잡할 것이 없다는 것이다.

'민원허가과'에서도 그동안 채집되고 축적된 업무 처리에 관한 공통된 지침과 요청 사항을 매뉴얼로 정리하여 민원신청인들에게 요구한다면 민원업무의 지연 등으로 받고 있는 민원처리 담당 공무원과 민원신청인들 간의 불신 해소로 반사이익적 업무의 처리 수행 능력 향상은 상상 그 이상일 것이다.

늘 복잡한 민원업무를 소수의 담당자만이 감당해야 하는 비합리적 행정체계를 개선함에 있어 '민원허가과'의 근무자들에게는 특수 업무 수행에 관한 업무수당의 상향 조정과 진급에 대한 혜택 등을 부여하여 그들에 대한 사기 진작은 물론 전문가 집단으로서의 높은 긍지를 심어줌으로써 민원행정 처리에 대한 민원신청인들의 끝없는 기다림, 불신 등을 해소하여 화성시의 민원업무 처리 효율성 확립에 크게 기여할 것으로 판단한다.

6.4 지방선거에 당선되신 분들의 새로운 각오와 희망적 포부를 화성시민들은 이미 지역 신문의 지면을 통하여 다 외웠다.

초심을 잃지 않는 지역의 일꾼들로 끊임없이 연구하고 노력하여 큰 틀에서의 화성시의 발전에 기여해 주실 것으로 믿는다.

HOME 사랑울

화성사랑노인복지센터 양창성 후원회장

화성사랑노인복지센터 양창성 후원회장

정대영 | 승인 2014.12.22 16:44

◇발안만세시장 내 '무료급식 경로식당'

(화성=정대영 기자) "가정형편이 어렵거나 부득이한 사유로 점심을 거르는 노인들을 위해 시작한 '무료급식 경로식당'이라지만 65세 이하는 2000원, 70세 이하 어르신은 1000원씩을 양목적으로 반찬값이라도 낸다여 모금함에 넣고 있습니다. 어르신 중에는 무료급식이 창피하다며 안 오시는 분도 계시구요. 어르신들이 자부심을 가지고 공경을 받을 수 있도록 제도적 장치를 보완하고 누가 봐도 당당할 수 있는 시설 환경과 분위기 조성이 필요한 것이죠."

겨울 한파에 성한 캐럴이 울려퍼지는 한 해의 끝을 12월이면 언제나 그렇듯 사람들 체온을 누구보다 간절히 바라는 이웃들이 있는데, 매일 밥 한 그릇의 온기를 그들과 나누는 이를 만나기 위해 경기도 화성시 향남을 발안만세시장을 찾았다.

지난 10월 말 협성대 대강당에서의 '제4회 사랑나눔 효 축제' 행사에서 잠깐 인사를 나눴던 화성사랑노인복지센터 양창성(5)5 후원회장을 배식봉사를 하는 발안만세시장 경로식당에서 만났다.

외출하기도 쉽지 않을 고령의 어르신들이 삼삼오오 테이블을 채우고 자원봉사자들이 가져다주는 배식판을 기다리고 있었다.

◇"때거리야 못 장만하겠나? 다 드시게 하자"

2019-03-13

도민일보 2014.12.22.
화성사랑노인복지센터 양창성 후원회장

어르신들 자부심 가지고
공경받을 수 있는 제도적 장치 보완

발안 만세시장 내 '무료급식 경로식당'

"가정형편이 어렵거나 부득이한 사유로 점심을 거르는 노인들을 위해 시작한 '무료급식 경로식당'이라지만 65세 이하는 2,000원, 70세 이하 어르신은 1,000원씩을 암묵적으로 반찬값이라도 낸다며 모금함에 넣고 있습니다. 어르신 중에는 무료급식이 창피하다며 안 오시는 분도 계시고요. 어르신들이 자부심을 가지고 공경받을 수 있도록 제도적 장치를 보완하고 누가 봐도 당당할 수 있는 시설 환경과 분위기 조성이 필요한 것이죠."

겨울 한파에 성탄 캐럴이 울려 퍼지는 한 해의 끝자락 12월이면 언제나 그렇듯 사람들의 체온을 누구보다 간절히 바라는 이웃들이 있는데, 매일 밥 한 그릇의 온기를 그들과 나누는 이를 만나기 위해 경기도 화성시 향남읍 발안 만세시장을 찾았다.

지난 10월 말 협성대 대강당에서의 '제4회 사랑 나눔 효 축제' 행사에서 잠깐 인사를 나눴던 화성사랑노인복지센터 양창성(58) 후원회장을 배식 봉사를 하는 발안 만세시장 경로식당에서 만났다.

외출하기도 쉽지 않았을 고령의 어르신들이 삼삼오오 테이블을 채우고 자원봉사자들이 가져다주는 배식판을 기다리고 있었다.

'때거리야 못 장만하겠나? 다 드시게 하자'

지난 2006년 당시 향남면 주민자치위원장이었던 양창성 회장은 자식이 있지만 다 외지로 나가고 혼자 남아 끼니를 거르는 어르신들을 발견했다. 재산 얼마와 자식들이 있어 정부의 지원을 받기에는 여건이 되지 않는 어르신이었다.

고향의 동네 어르신이라 당연히 보살펴 드려야 하는 상황이고 지역의 중심축이 필요하다는 생각에 선후배들을 찾아 방안을 모색했다.

위원장이 하지 않으면 누가 하겠나 하는 책임감과 지역사회가 그대로 방치해서는 안 된다는 주민자치위원들이 있어 '때거리야 못 장만하겠나? 우리가 후원해서 다 드시게 하자'며 매달 두 차례 무료 국수 봉사를 시작했다.

그렇게 2년간 이끌다가 2009년 5월경 화성사랑노인복지센터가 '무료 급식 경로식당'을 운영하면서 지금으로선 재능기부를 뜻하는 '몸 봉사'를 시작하게 됐다.

최저 생계 이하 복지사 처우 개선 시급

매일 평균 60인분 정도의 식사량을 준비하면 거의 맞아떨어진다는 이곳 자원봉사는 월요일 홈플러스, 화요일 봉담 그린센터 봉사단 등으로 채워지고 있다. 가장 큰 후원단체인 삼성전자 봉사단은 매주 3차례 실버힐링 농장 봉사, 재가 어르신 밥 배달에 참여하고 있다.

양창성 회장과 발안 로터리클럽, 화성 레이디스 로터리클럽, 발안 라이온스클럽 등 지역 선후배 중심의 '사랑 패밀리' 회원들은 매일 5명씩 경로식당 봉사에 고정 참석하고 있다.

"센터 운영을 지켜보면서 가장 안타까운 것이 사회복지사입니다. 모든 행정처리를 담당하는 직원들이 지난 5년간 두 달을 못 버티고 그만둡니다. 업무는 많지, 급료는 적으니 제일 오래 있던 사람이 5개월 정도였습니다. 뒷감당하는 센터장 고생이 말이 아닙니다."

차마 부끄러워 밝히지 못하지만 금전적으로 최저 생계유지도 안 되는 박봉이니 그만두고 있다. 직장이 밥 먹고살 만하면 누가 그만두겠냐며 정부에서 확실하게 지원해 주지 않으면 개인 힘만으로는 어렵다고 호소한다.

아울러 쓰러질 듯 버티고 있는 식당을 꼬집었다. 보증금 5,000만 원에 월세 얼마로 임대한 식당은 반백 년 가까운 건물로 비가 오면 곳곳에 우산을 받칠 지경이지만, 붕괴될까 보수공사는 엄두도 못 내고 있다.

어차피 정부 보조사업으로 추진하려면 너무 열악한 상황을 개선하든지, 아니면 사업 자체를 중단시키든지 해야 하는데 이도 저도 아닌 상태를 이어가고 있다는 것이다.

'너무 걸인 같아 보이고 노숙자 같아 싫다.'

"'내가 진짜 없어서 이런 초라한 곳에서 밥을 먹는구나…' 그렇게 말씀하시고 '시설이 너무 걸인 같아 보이고 노숙자 같아 싫다' 하는 분도 있습니다. 인근 화성 남부종합사회복지관은 1,500원만 내면 밥 먹고 차량 10대가 지역을 돌며 집 앞까지 모셔다드립니다. 매년 두 차례 감사를 나오는 도청 과장에게 같은 복지시설인데 왜 이렇게 차이가 나는지 따졌더니 예산 탓만 합니다."

전체 예산 가운데 도비 50%, 시비 30%, 후원 20%로 짜여진 상황에서 양창성 회장은 지역 주민자치, 방위협의회, 새마을회, 이장단협의회 등의 후원을 받아 힘을 보태고 있다. 지역에 이런 시설이 있고 어르신들이 식사를 하니 우리가 해주지 않으면 어떡할 거냐며 지역 정서에 호소하고 있다.

경로식당은 우정읍에 있는 '실버힐링 농장'에서 채소, 콩 등을 자체 조달하고 있지만, 식비로만 매달 350만 원 정도가 들어가고 CMS 후원 등은 250만 원 정도밖에 되지 않아 매월 100만 원 정도의 적자가 발생하고 있다. 매년 '사랑 나눔 효 축제' 같은 후원 행사를 개최하면서 적자 폭을 메우고 있는 실정이다.

그러나 양창성 회장은 지역 어르신들의 외로움과 굶주림을 해결하고자 10여 년 가까이 지속하고 있는 '고슬고슬 밥 한 그릇의 어르신 봉양'이 얼마나 지역적 화합을 이끌어 내고 주민들의 공감대를 이끌어 내는지 가슴으로 알고 경험으로 느낀다.

항상 부족하고 언제 발생할지 모르는 문제투성이 '경로식당'이지만 그곳을 찾는 어르신들이 있고 도시화로 점차 퇴색하는 순박한 인심을 새삼 발견할 수 있기에 '향남읍의 보이지 않는 힘'이라고 주변 사람들에게 자랑하고 있다.

"그동안 고향인 이곳 향남에서 주민자치위원장, 방위협의회 운영위원장, 바르게살기협의회장, 선거관리위원장, 새벽축구회장 등을 하면서 모임이 있을 때마다 '지역 봉사를 해라. 봉사하는 것이 얼마나 큰 기쁨인 줄 아느냐'고 떠들었습니다. 이제, 보다 젊은 이웃들이 민족혼이 담긴 제암리 역사의 고장에서 인심이 살아 숨 쉬는 지역 정서를 다지고 발전시켜 나가기를 바랍니다."

[정조대상 수상자-문화예술부문] 양창성 향남지역발전협의회 자문위원

"향남읍 노송 아세요? 사라질 뻔한 걸 제가 살려냈어요" 군생활·해외취업 등 5년 빼고 향남에서 살아온 토박이

기사입력시간 : 2024/01/24 [10:20:00]   이신재 기자

▲ 양창성 향남지역발전협의회 자문위원이 향남읍행정복지센터의 노송 앞에서 촬영하고 있다. 이 노송은 폐기나 외지로 팔려나갈 위기에 있던 것을 양 위원이 노력이 이곳으로 이식하게 했다. ⓒ 화성투데이

지난해 11월14일, '제5회 정조대상 시상식'이 화성상공회의소 컨벤션홀에서 화려하게 진행됐다. 이 상은 화성투데이가 제정한 상으로 언론이 나서서 정조대왕을 닮은 시민을 찾아 그들의 행적과 공을 기리기 위한 목적이다. 특히 화성시의 상징적 인물인 정조대왕의 업적을 알림과 동시에 그의 개혁 정신과 애민사상을 받든 시민을 찾고자 했다.
화성투데이는 '정조대상 수상자 인터뷰'를 통해 그들이 어떤 일을 했으며, 그 일을 통해 시민사회에 어떤 영향을 줬는지를 조명하려 한다.
이번 호에는 수상자 문화예술부문 '양창성 향남지역발전협의회 자문위원'을 만났다.

화성투데이 2024.01.24.
[정조대상 수상자-문화예술부문]
양창성 향남지역발전협의회 자문위원

향남읍 노송 아세요?

지난해 11월 14일, '제5회 정조대상 시상식'이 화성상공회의소 컨벤션홀에서 화려하게 진행됐다. 이 상은 화성투데이가 제정한 상으로 언론이 나서서 정조대왕을 닮은 시민을 찾아 그들의 행적과 공을 기리기 위한 목적이다. 특히 화성시의 상징적 인물인 정조대왕의 업적을 알림과 동시에 그의 개혁 정신과 애민사상을 받든 시민을 찾고자 했다.

화성투데이는 '정조대상 수상자 인터뷰'를 통해 그들이 어떤 일을 했으며, 그 일을 통해 시민사회에 어떤 영향을 줬는지를 조명하려 한다.

이번 호에는 수상자 문화예술부문 '양창성 향남지역발전협의회 자문위원'을 만났다.

"영광스럽게 문화예술 분야에서 수상하였습니다. 지역에 거주하며 누군가를 위해 무엇을 한다는 것은 삶 자체에 특별하게 여유가 있어서가 아닙니다. 계획된 일상도 아닙니다. 아마도 반복되는 습관적 일상이 타인과 비교했을 때 평범한 것이 아니었던 듯싶습니다. 앞으로도 몸매무새와 자세를 고쳐 더 바르게 곧게 생활하도록 하겠습니다."

양창성 위원은 수상소감으로 습관에 관해 얘기했다. 반복된 습관이 남달랐던 것이 뭔가 발전적 경향으로 이어졌다는 뜻이기에 인상이 깊었다. 그런 양 회장이 어떤 사람일지가 궁금했다. 과거에 했던 일과 현재에 하는 일 등을 중심으로 자신을 소개해 달라고 했다.

"저는 향남읍에서 태어났습니다. 향남에서 내내 성장했으며 화성시와 수원시에서 초·중·고·대학을 마쳤습니다. 군 생활 3년과 해외 취업 2년을 제외하고 사회생활 전체를 화성시에서 생업인 '토목측량설계업'에 종사했습니다. 과거와 현재의 제 활동과 일은 동일합니다."

정조대상은 정조대왕의 개혁 정신과 애민정신을 받든 시민을 찾는 작업 중 하나다. 그가 수상한 데는 이유가 있을 것이다. 가장 대표적인 '공적'이 무엇일지가 궁금했다.

"향남읍 행정복지센터에 들어서면 제일 먼저 보이는 게 멋진 형태를 이룬 '노송'입니다. 애초 소유자가 없어서 폐기 또는 타지로 팔려 나갈 위기에 있던 것을 제가 발견해 그곳으로 이식하게 했습니다."

향남읍 행정복지센터 주차장 한편에 있는 오래된 나무로 누구든 한번 보면 잊히지 않는다. 저렇게 멋진 나무가 어떻게 행정복지센터에 있게 됐을까 궁금했는데, 그 주인공이 바로 양 위원이었다.

"향남은 2003년부터 급속한 발전으로 신도시가 조성되기 시작했습니다. 그러면서 개인 소유지의 토지와 주택 등에 대한 보상이 진행됐죠. 그 당시 저는 향남면 주민자치위원장이었습니다. 행정리 마을 입구 도로변에 노송 한 그루(추정 수령 200년)가 있었는데, 누군가에 의해 통째로 뽑히고 있는 걸 발견했습니다. 그 땅이 국유지라 노송의 소유권이 불분명해 뽑아서 처리하려 했던 것입니다. 저는 그것을 보고 큰일이다 싶어 토지보상을 담당하는 LH와 노송 굴취를 시행하는 조경업체를 찾아가 '마을의 수호신 격인 노송을 뽑아가서는 안 된다'라고 항의했습니다. 불법 굴취에 관한 법적 대응까지 거론하며 외부로 나가는 것을 어렵게 막았습니다. 그리고 결국 현재의 행정복지센터 중앙부에 이식하게 했습니다. 그게 제가 한 일 중 가장 잘한 일입니다."

그 노송을 본 주민들 대부분은 처음부터 그 자리에 있었다고 생각하는 때가 많다. 대부분 읍민은 그 노송 이식 후에 입주했으니까 당연한 인식이다.

양 위원은 노송 이식 과정 중 어려운 일도 있었다고 회고했다.

"이동과 이식을 하려면 돈이 필요합니다. 굴취 비용, 굴취 후 이동 차량에 싣는 그레인 상하차 임대료, 이송비(약 600만 원), 이식비, 관리비 등의 비용입니다. 당시 약 700여만 원에 달하는 비용이 필요했습니다. 다행히 면장, 시의원, 시 산림과 등의 노력과 협조로 비용이 마련돼 노송의 푸른빛을 주민에게 보여주게 됐습니다."

화성시에 애정을 준 만큼 아쉬움도 있을 것이다. 다 좋은 화성시가 되기 위해서는 시의 정책상 무엇을 어떻게 보충하면 좋을까를 물었다.

"화성시 인구가 100만 명을 넘어 곧 특례시로 발돋움할 것입니다. 시의회를 필두로 도시주택국, 교통도로국, 교통사업단 등의 도시건설 관련 부서가 하나가 돼 맡은 업무에 매진해야 할 것입니다. 담당 부서원의 잦은 이동 등으로 전문 책임원이 귀합니다. 공무원에게 직급에 대한 인센티브를 부여해서라도 전문가를 만들어야 합니다."

화제인물

[김용이 만난 사람] 역사가 담긴 우표 수집가 양창성 작가

화성포커스   2024.08.13.

현장에서 시민 함께 고민하는 사람 김용(화성시민의힘 대표)이 만난 첫 번째 사람은 '전·현·근대사, 우표전시회'를 주최한 양창성 작가다.

양 작가는 2020년 발안만세시장에서 '전·현·근대사, 우표전시회'를 개최하며, 대한민국 근현대사를 담은 1,600장의 우표를 전시해 많은 이들의 주목을 받았다.

이번 전시회는 8월 1일부터 31일까지 진행되었으며, 시민들의 뜨거운 호응 속에 연장 전시가 결정되기도 했다.

김용 대표는 이번 인터뷰에서 양창성 작가가 우표 수집을 시작하게 된 계기와 그 과정에서의 어려움에 대해 깊이 있는 대화를 나눴다.

양 작가는 우표를 "가장 작은 역사책"이라고 표현하며, 우표가 단순한 우편 요금의 증표를 넘어 대한민국의 정치, 경제, 사회, 문화 전반을 담은 중요한 역사 기록물임을 강조했다.

양 작가는 1946년부터 2024년까지의 다양한 우표들을 모아 전시를 준비했다.

그는 우표 수집의 매력에 대해 "우표는 그 나라와 시대를 대표하는 상징적인 물건으로, 이를 통해 그 시기의 역사적 사건과 문화를 생생히 느낄 수 있다"고 말했다.

하지만 그는 전시 공간의 협소함과 개인적 예산 부족으로 인해, 전시하지 못한 우표가 약 1,500장에 이른다는 점을 아쉬워했다.

또한, 양 작가는 전시회를 준비하는 과정에서 겪었던 고충도 솔직하게 털어놓았다. 그는 전시를 위한 액자 제작과 전시물 이동 등 부수적인 작업들이 만만치 않음을 언급하며, 향후 전시 계획을 위해 필요한 예산을 확보하고 협력할 수 있는 부서와의 협조가 중요하다고 강조했다.

양창성 작가는 우표를 통해 역사를 기록하고 전하는 데 큰 자부심을 느끼고 있었다. 그는 이번 전시를 통해 많은 사람들이 우표의 역사적 가치를 재발견하고, 그 속에 담긴 대한민국의 근현대사를 돌아보는 기회를 가졌으면 좋겠다고 말했다.

인터뷰를 마치며 김용 대표는 "우표를 통해 대한민국의 역사를 다시금 조명해 주신 양 작가님께 깊은 감사의 말씀을 전한다"며, "앞으로도 화성시민의힘은 이러한 소중한 전시가 계속 이어질 수 있도록 적극적으로 지원할 것"이라고 밝혔다.

양창성 작가의 우표 전시회는 지역사회에 큰 울림을 주며, 앞으로도 많은 이들에게 소중한 역사적 기록물을 통해 우리나라의 이야기를 전할 예정이다.

6부

사색의 숲

가루의 위치

건물을 지을 때나 교량을 놓을 때 등, 토건 공사장에서는 필수적으로 크고 단단한 돌을 주춧돌과 기초석으로 사용한다.

반면, 건설 현장의 시멘트와 주방의 밀가루, 화장대의 분가루 등도 그 쓰임새와 역할이 확실하게 정해져 있다.

그러면, 미세먼지, 석면 가루 등은 어떤 역할로 이 세상에 존재하게 된 걸까. 아무리 생각해도 이것들의 역할은 인간에게는 아무 도움이 안 되는 해악적인 역할밖에는 없는 듯하다. 하지만, 이것들 또한 모든 세상사에는 음양의 조화가 이루어져야 질서가 잡힌다는 것을 보여주기 위해 존재하는 것 같다.

형평성이라는 것은 형체와 무게감만으로는 지속이 될 수 없다.

이러한 형체와 무게를 지탱하고 보존하기 위해서는 사이와 공간을 메워 줄 가루가 필요하다.

가루는 입자가 작고 촘촘할수록 점착력이 좋아져, 흑연 입자는 여러 가지의 기능적 연필로, 고운 흙가루는 수천 년 빛을 발하는 도자기에서, 파인 세라믹은 우주선의 외부 열을 차단시켜 주는 기능으로 아주 중요하다.

이처럼 아주 미세한 가루도 제 역할과 용도가 따로 있다.

눈에 잘 띄고 크고 잘생긴 것만 좋아하는 세상이다.

하지만, 결코 크다고 다 좋은 것만은 아니다.

민초 없는 군왕이 어디 있으며, 국민 없이는 대통령의 존재 또한 없는 것이다.

아주 미세한 것도 각자의 영역에서 그 실체를 끄집어내어 적재적소에 활용할 수 있도록 위치와 용도를 정해 줄 수 있는 능력은 신의 영역이 아닌 인간의 영역이라고 할 수 있다.

웅장하고 거대한 성곽도 바닥을 튼튼하게 지탱해 주는 주춧돌과 고임돌이 제 역할을 해야 되고, 그 위에 쌓아 올려지는 돌 또한 조금의 흐트러짐도 없이 제 위치에서 제 역할을 다할 때, 수백 년 또는 그 이상의 역사를 자랑할 수 있는 것이다.

그 사이에 알게 모르게, 또 보이게 보이지 않게 존재하는 가루의 역할도 크게 한몫하고 있음을 간과해서는 안 된다. 긴 안목으로 볼 때 우리의 한 생은 한순간이며, 우리의 존재 또한 한낱 먼지와도 같다.

그렇지만, 그 하나하나의 개체들이 모여 국가가 되고 역사가 되고 우주가 되고 질서를 이룬다.

세월이 지남에 따라 어린아이가 자라 어른이 되고, 작은 나무가 자라 거목이 되는 것은 단순한 것 같지만, 그 속엔 우주 만물의 질서가 내포되고 있음이다.

때를 맞추기가 쉽지는 않지

사람들은 낯선 행복보다 익숙한 불행을 선호한다.
심리학에서 이런 현상을 '인지적 편향성'이라 한다.
즉, 남편이나 아내에게 불만을 가지면서도 사람들이 쉽게 헤어지지 못하는 이유이기도 하다.
상대를 바꾸거나 상대가 바뀌면 더 좋은 연애를 할 수 있다고 생각하여 새 파트너로 환승했음에도 불구하고 실패가 반복되는 것은 변해야 하는 주체가 '상대가 아닌 자신'이라는 것을 모르기 때문이다.

상대의 잘못은 너무 쉽게 크게 보이는 법.
문제는 내 잘못은 잘 보이지 않는다는 것이다.
변화의 시작은 '상대가 바뀌는 것'이 아니라 '나 자신을 변화시키는 것'이다.
그것이 굳게 닫혀 열리지 않은 마음의 문을 열 수 있는 가장 빠른 방법이다.

변화무쌍한 세상.
중단과 지속, 유지의 구분을 명확히 해야 한다.
중단해야 할 때 중단하지 못함과 지속해야 할 때 중단하는 우를 범하는 것은 이미 무너짐이며 파장(罷場)이다.

판단을 결정함이 쉽지 않을 때는 '사냥에 실패해도 의연한 왜가리'를 보라.
왜가리에게는 그저 매번 먹이를 잘 노려서 부리를 잘 내리꽂는 것만이 중요한 일이고 그 뒤의 일은 성공하든 실패하든 모두 같단다.
실패를 아무렇지 않게 여기는 것이 아니라, 성공과 실패를 같은 무게로 여기는 것에 가깝다는 것이다.

물가유감(勿加惟減)

다산이 상추에 밥을 싸서 먹자, 식객이 물었다.

"싸서 먹는 것과 절여서 먹는 게 어떤 차이가 있나요?"

다산이 대답했다.

"이것은 내가 입을 속이는 방법입니다. 사람은 음식을 먹어 목숨을 연장합니다. 맛난 등심이나 생선 요리도 입에만 들어가면 바로 더러운 물질이 되고 말지요. 목구멍에서 삼켜 내리기를 기다릴 것도 없이 사람들은 더럽다고 침을 뱉습니다.

정력을 다하고 지혜를 모두 쏟아 뒷간을 위해 충성할 필요가 있나요?"

아무리 맛난 음식도 일단 입에 들어가면 더럽고 추한 음식이 된다. 먹다 뱉은 음식을 누가 먹으려 들겠는가? 그러니 맛난 음식을 위해 마음을 쏟고 정성을 기울이는 것은 화장실에 충성하는 것이나 다를 바 없다는 얘기다.

다산은 또 이렇게 말한다.

"사람이 천지간에 살면서 귀하게 여길 바는 성실함에 있다.

어떤 것도 속여서는 안 된다. 하늘을 속이는 것이 가장 나쁘고, 임금을 속이고 어버이를 속이는 것에서 농부가 같은 농부를 속이거나, 장사치가 동료를 속이는 것에 이르기까지 모두 죄와 허물에 빠지는 것이다.

오직 속여도 괜찮은 것은 한 가지 물건이 있으니, 그것은 바로 자기의 입이다. 모름지기 소박한 음식으로 속여 넘겨서 잠시 지나가 버리는 것. 이것이 좋은 방법이다."

"음식이 주는 기쁨은 하잘것없는 육신의 잠깐 사이의 즐거움이다. 지금 사람들이 특별히 중시하는 것은 단맛인데 목구멍과 혀의 두 치 사이일 뿐이다. 이것을 지나고 나면 그뿐이다."

음식의 맛은 혀끝에서 목구멍에 도달하는 6cm 사이의 기쁨일 뿐이다. 이 6cm를 위해 사람들은 무슨 짓이든 할 기세다. 뒤로 나올 때는 모두가 똑같은 음식을 위해 목숨을 건다.

처방은 뜻밖에 간단하다.

"음식을 먹어 배불러지고 싶거든, 밥을 더 먹지 말고 욕심을 줄여라."

조선일보 / 정인 (한양대 교수. 고전문학)

알기는 아는 거냐

11월 11일.

언제부턴가 우리는 이날을 그냥 연인들을 위한 '빼빼로 데이'로만 여긴다.

하지만 이날이 그 초코 스틱의 달콤함에 가려진 의미심장한 날임을 아는 이는 드물다.

11월 11일은 6·25전쟁 참전 22개국의 195만 명의 용사 중 살아 있는 용사들이 세계 어느 곳에 있든 대한민국 부산을 향해 거수경례를 하고 1분간 묵념을 하는 날이다.

이른바 '부산을 향하여!'라는 6·25 참전 유엔군 추모 행사의 날인 것이다.

2007년 캐나다 참전 용사 '빈센트 커트니'가 제안해 11월 11일 11시, 2,311명의 전몰 장병이 안장되어 있는 부산 유엔기념공원을 향해 묵념을 하게 되면서 시작됐다.

11월 11일은 제1차 세계대전 종전일, 영연방의 1, 2차 세계대전 전사자 추도일이며 미국의 '재향군인의 날'이기도 하다.

추모공원에 잠들어 있는 그들의 죽음이 슬프고 안타깝다.

빛나는 아름다움 뒤에 숨어 있는 그들의 아픔을 알고 있기 때문이다.

우리가 살고 있는 오늘은 어제 죽은 이가 그토록 갈망하던 내일이 아니더냐.

오늘을 살고 있는 우리들은 과연 무엇을 남길 것인가.

남아 있는 후손들보다 오래 산 것이 부끄럽지 않도록 우리의 흔적이 깨끗하고 따뜻한 것이기를 바라며, 이상 시인의 이런 시구절을 읊조려 본다.

"자, 그러면 내내 어여쁘소서."

삶은 예술이다

미리 살아본 적 없었지만, 나름 잘 살고 있지 않은가.
미리 배워본 적 없지만, 잘 실행하고 있지 않은가.

사계절이 어김없이 순환하는 것이 자연의 순리이듯,
태어나고 마감하는 것 또한 인생의 순리다.

내 인생 거창하게 치장해 내보이고 싶은 생각은 없지만,
아내 앞에는 성실한 남편으로,
자식에게는 당당한 아버지로,
동료들에게는 괜찮은 사람으로,
사회에서는 가뭄을 해소하는 비처럼 없어서는 안 될 소중한 요인(要人)이 되고 싶다.

겸손하되 비굴하지 않고,
상대를 존중하되 자신을 비하하지 않는 말과 행동.
이기적 행동과 경박한 말장난이 난무하는 세상에서 모름지기 내가 모르는 것에 대해서는 이러쿵저러쿵 말하지 않아야 하는 법.
말이 도리에 맞지 않으면 일이 이뤄지지 않는다.

근본적으로 원칙이 적용되지 않으면 모든 게 엉망진창이 된다.

바른 도리와 자연스러운 시선은 그래서 매우 중요하다는 것이다.

기회가 날 때마다 각종 전시회에 들르고 다양한 문화 행사에 참여하려고 노력한다. 현대를 살아가는 문화인으로서 최소한의 교양을 갖추기 위해서다.

예술이라는 것은 특히, 작가는 자신이 판단하는 평가가 아니라, 다른 사람들로부터 인정을 받아야 한다. 또한, 살아 있을 때의 평가보다 죽은 다음에 내려지는 평가가 진정한 의미를 갖는다고 말할 수 있는 좀 특수한 분야다.

이러한 예술 세계에서도 신·구가 원활하게 순환이 이루어져야 질서가 잡히고 전체적으로 평형을 이룰 수 있다.

그렇다고 예술의 기본 정책이 무조건 죽고 난 뒤의 평가에 있는 것은 아니다. 살아 있을 때의 작가 활동이 얼마나 성실하고 진솔하며 다른 사람에게 공감을 얻고 행복을 줄 수 있느냐는 것이다.

죽은 다음의 명예와 영광도 가치가 있겠지만, 이러한 것들은 인격과 품격을 갖춘 생전의 작가 자신의 태도와 정체성에서 비롯되는 것이 아닐까.

이러한 이유에서 우리 모두는 각자의 삶을 책임지고 가꾸어 가는 예술인이다. 일반적이고 보편적인 우리들의 세상사가 바로 '일상적 예술 세계'가 아니겠는가.

인생이라는 예술품을 다듬고 완성해 가는 예술 작가는 쉽게 만들어지는 것이 아니다.

어렵고 좁고 막힌 길을 걷고 돌아넘어야, 겨우 한 사람의 예술품을 탄생시키는, 쉬운 듯하면서도 어려운 작업의 세계인 것이다.

군자거이이사명 소인행험이요행
君子居易以俟命 小人行險以徼幸

"군자는 편안함에 처하여 천명을 기다리고 소인은 위험한 짓을 하며 요행을 바란다."

『중용(中庸)』에 나오는 한 구절이다.
편안함에 처한다는 말은 자신의 위치나 지위에 맞춰 합당하게 행동하는 것을 말하고, 천명을 기다린다는 말은 최선을 다한 뒤에 그 결과를 하늘에 맡긴다는 것을 의미한다. 반대로 자신의 직분과 상황에 합당하지 않은 짓을 하면서 요행을 바라는 것은 소인의 길이다.

노력과 실천을 우선해야 결과가 창출되는 현대사회의 세계관과도 일치한다.

변화

변화는 소나기 속을 걷는 게 아니라 안개 속을 걷는 일이다.

몸이 젖는 줄 알 리 없지만, 걷다 보면 조금씩 젖어 드는 것처럼 말이다.

'젖는 것'과 '젖어 드는 것'은 다르다.

변화를 위해 바꿔야 할 것은 성격이 아니라 환경이다.

'변화'는 현재의 상황에 만족하지 않고 '조금 더'에서부터 시작된다.

그러니까 '나를 지키는 것'과 '변화를 거부하는 것'의 차이다.

변화 없음은 회전목마를 타고 즐겨 보아봤자 하루 종일 똑같은 풍경의 재연이다.

회전목마라는 틀이 쉼 없이 작동되는 한 변화라는 게 있을 리가 만무하다.

변화를 위해서는 '적당 것' 즐기고 다음 코스로 이동해야 한다.

그런데 '적당 것'이라는 것이 언제인지가 문제다.

사람마다 동일할 수가 없는 것이다.

흔히 '출세'라는 것은 현실을 탈피하여 다음 코스로, 즉 갈아타는 타이밍을 적절하고 적당하게 현실과 타협하여 배분을 잘한 결과물이다.

순간적 시간 차의 결과라는 것이다.

현실적으로 '눈 한번 질끈 감음'과 '두 눈을 부릅뜨고'의 극렬한 차이점은 자신은 물론 가족들의 행과 불행이 결정되는 절체절명의 진행형 갈림길에서 쉽게 결정할 수 없는 일이다.

모든 사항이 종결된 후에야 '그때 그렇게 하길 잘했어'와 '그때 그렇게 하는 게 아니었는데'의 '이분법적' 결론을 낼 수 있는 것이다.

변화를 '믿고 안 믿고'가 중요한 것은 아니다.
그러한 사항은 각자의 소신이기 때문이다.
변화를 믿고 밀어붙이다가 쪽박 찬 부류와 반대로 대박 낸 부류들이 공존하는 세상사에 정답이라는 것은 이 모든 것의 풍상 세월을 겪고 지나가 봐야 알 수 있다는 것이다.
그래도 확률적으로는 변화를 받아들인 쪽이 세상을 더 많이 변화시켰다는 것이 사실이란다.

그러나 '인생'은 내 마음대로 되는 게 아니다.

사라지는 것들

　여유롭고 행복하게 살고 싶은 욕망은 인간이 누리고 싶은 최고의 희망 사항일 게다. 하지만, 함께 어울려 살아가야 하는 사회적 구조에서 어찌 달콤한 밀월만 있으랴.
　칭찬은 보이는 귀 뒤로 흐르지만, 비난은 피부 깊숙이 보이지 않는 뼛속에 새겨진다.
　남의 단점과 약점에 대해서는 깊은 관심을 쏟으면서, 정작 자신의 단점에 대해서는 아예 눈을 꼭 감아버리거나 아주 관대하다. 그리고 아주 작은 장점 하나라도 객관적인 판단이 아닌 과대포장으로 부풀리는 경우가 허다하다.
　대부분의 사람들은 못하는 것을 잘하려는 노력보다는, 잘하는 것을 더 발전시키려는 노력을 게을리한다는 것이다. 그만해도 된다는 자기최면적 만족스러움의 틀에 갇혀 버리는 우를 범하기가 일쑤다.

　음흉스럽게 숨어 있는 것보다는, 다소 혐오스럽더라도 내보이는 것이 훨씬 더 낫다. 숨겨진 것보다는 그나마 보이는 것이 피할 수 있고 대처할 수 있으니까 말이다.
　장점과 단점의 차이는 오히려 간단하다.
　어느 특성을 반복해서 진행할 때 물 흐르듯 하여 원활히 자기 스스로

가 만족하면 장점이며, 어쩌다 한두 번 잘하는 것은 장점이 아니다. 여러 번 반복해서 숙달해야 할 약점이다.

사회는 여러 사람이 공존해야 하는 공동의 운명체일 수밖에 없다. 좀 더 큰 가족의 형성체다. 너의 불행이 나의 행복이며 나의 행복이 너의 불행이 될 수 없는 확대된 형상이라는 것이다.

요즘 자칭 정부 고위층이나 공기업 직원들의 일탈 등이 사회적 이슈로 대두되고 있다. 헤아릴 수 없이 많은 부정적인 사안들 속에 항변이라고 내뱉는 말이 있다.

"꼬우면 너도 하든가."

꼽기는 뭐가 꼽겠냐. 앞에 있으면 귀싸대기라도 몇 번 후려치고 쌍욕이라도 한번 걸지게 내뱉어 주고 싶지만, 그렇게 하지 못하는 현실에 분통만 터질 뿐이지.

"그래 그 알량한 머리에 붙은 눈알은 천지사방 굴려 실익 계산하고, 세 치 혀 나불거려 감언이설로 등쳐 먹고, 국민을 위해 쓰라는 직책을 이용하여 사리사욕으로 배때기 채우고…. 일반 국민들의 고통에 눈을 감고 분노에 귀를 틀어막고 더 많이 땅기고 챙겨 먹어라.

옜다. 그동안 해 처먹고 땅겼음에 대한 분노의 응징으로 몇 대 더 얻어 터지고 가라.

그동안 형성하고 축적된 재물과 재산 관리에 느그들이 수고가 많다. 자손만대 영원무궁토록 이름과 명성 휘날리며 깊게 깊게 음지 속에, 보이지 않는 곳에 꼭꼭 숨어서 더 이상 체하지 말고 잘 먹고 잘살아라."

인생은 허무한 목련꽃이려니….

털북숭이 꽃봉오리 속에서 늦겨울 매서운 추위를 견디고 백옥같이 흰 꽃잎을 펼쳐내는 목련꽃. 공교롭게도 꽃잎을 다 펼치기도 전에 꼭 봄비가 온다.

세차게 많이 오는 봄비임에도 빗방울이 닿기를 기다렸다는 듯이 자진해서 꽃잎을 떨구는 듯 보인다.

절기상 춘분을 전후해서 봄비가 자주 온다. 반복되는 계절의 순환 속에 나타나는 자연스러운 엇박자로 그 아름다운 백색의 꽃잎은 꿀벌이 나타나기도 전에 작은 빗방울과 함께 낙화한다.

목련나무에 붙어 있을 때는 그 화사함이 무엇과도 비교 불가한 자태지만, 낙화한 꽃잎은 더할 수 없이 누추한 모습으로 천박함과 구박 덩어리의 꽃잎으로 전락하고 만다.

어쨌든 뒤끝이 개운치 않고 초라한 꽃이라고 많은 사람들이 안타까워한다.

인생의 단면을 보여주는 듯한 애달픈 꽃이다. 봄비 내린 거리마다 보기 흉하게 널브러진 슬픈 꽃이다. 봄비 한 움큼에 더없이 아름답게 펼쳐 보였던 모습들은 이렇게 떨어져 속절없이 사라져 가고 있다.

한때 뭇 시선들 위에서 군림하던 부귀와 권력과 명예도 저 꽃과 무엇이 다를까.

50km, 30km 속도제한

지구는 변함없이 일정한 속도로 돌고 있는데, 그 지구 안에서 살고 있는 사람들은 각자 다른 시간을 살아간다.

그러니까 시간은 상대적이어서 하기 싫은 일을 할 때나 그립고 보고 싶은 사람을 기다릴 때는 한없이 느리고 더디게 느껴진다. 하지만, 재미있고 흥미로운 일에 푹 빠져 있을 때는 시간이 훨씬 빠르게 지나간다. 오죽하면 주색잡기 놀음에 도낏자루 썩는 줄 모르고, 흐르는 세월이야말로 쏜살같다고 하였겠는가.

특히 이만큼의 나이가 되고 보니, 나이는 그 숫자만큼의 스피드로 갈수록 빠르게 달려간다.

이렇게 상반된 입장에서 느껴지는 속도의 온도 차는 아주 크다.

앨런 라이트맨은 똑같은 시간이 반복되는 세상, 순간만이 존재하는 세상, 지구의 종말이 닥친 세상 등 천차만별의 세계가 펼쳐진다는 시간을 연구한 물리학자이며 소설가이다. 그가 상상하여 1993년에 출간한 '아인슈타인의 꿈'의 내용이다.

엉뚱하고 황당한 상상 같지만 수많은 사람이 각자의 시간을 보내는 각기 다른 모습들이다. 이렇게 개개인에게 적용되는 시간과는 달리 전체에 똑같이 적용되는 사회적 구조 속에서도 시대에 따라, 상황에 따라 수

시로 변하는 속도가 있다.

    과연, 누구를 위한 건지, 무엇을 위해서인지는 모르겠으나 그 룰을 준수해야 하는 사람들로서는 혼란스러울 수밖에 없다.

    2021년 4월 17일부터 주택가의 일반 도로는 50km/h, 학교 앞과 주택가에서는 30km/h로 자동차 운행 속도가 제한되어 그 이상의 속도로는 주행할 수 없는 법이 발표되었다.

    현재를 살아가는 시간을 좀 더 길게 잡아야 된다는 계산이다. 특히 출퇴근 시간과 등하교 시간, 약속 시간 등을 넉넉히 잡아야 한다.

    정해진 하루의 시간과 내가 움직여야 할 거리는 변함이 없음에도 불구하고, 이러한 시간을 겪어야 하는 체감 시간은 더욱 느려지고 거리는 더욱 멀어졌다. 이에 부수적으로 차량의 연료비와 범칙금 부담 가능성도 가중되었다.

    그리 오래지 않은 과거엔 산등성이 하나를 넘고 작은 강을 하나 건너도 살아가는 방식과 풍습이 서로 달랐다. 하지만, 이제는 산 넘고 물 건너의 구분이 없이 일률적인 체계로 돌아가는 사회다.

    차도, 인도, 자전거 전용 도로 등으로 도로가 세분화되었으며, 대중교통을 적극적으로 장려하고 자율주행 시대에 돌입한 현 체제에 유독 자동차 운전자들에게만 운행 속도 제한의 형벌적 굴레를 씌운다는 것은 후하게 판단해도 반은 맞고 반은 틀리다.

    주택가와 학교에 접한 도로가 자동차 사고가 발생하는 원인 제공의 원흉이란 말인가. 어린이들을 최대한 보호한다는 명분은 그럴싸하지만, 어릴 적 밥상머리 교육부터 공교육에 이르기까지 사람과 자동차는 정해진 길을 구분하여 다녀야 하고, 그 규칙을 철저하게 지켜야 한다는 교육을 전제한다면, 다른 용도의 도로를 침범할 일이 없을 것이다.

정해진 규칙은 누구를 막론하고 어김없이 지켜야 한다는 체계적인 교육과 의식의 변화가 필요하다.

하지만 현실은 교통안전에 관한 교육과 인식이 질서 없이 뒤엉켜, 자동차 도로에 사람이 뛰어들고 인도에 차량이 주차되는 광경도 심심찮게 목격된다. 그러한 해괴망측한 행위에 대한 극처방으로 자동차 운행 제한 속도라는 새로운 법이 공표됨으로써 과연 해결될까. OECD 선두 국가로서의 위상이 확립되는 것인지도 따져볼 일이다.

개인이 선택하고 책임져야 하는 다양한 자유의 범위가 줄어들고 위축되는 것은 바람직한 사회로 나아가는 길이 아닐 것이다. 안전을 위한 통제보다는 안전을 위한 지속적인 교육과 홍보를 우선시해야 한다.

통제는 진보가 아닌 퇴보다.

규제는 혁신이 아닌 강압이라는 것을 정책 입안자들부터 인지해야 할 것이다.

하루에 감사하다

세상엔 단답형의 문제도 많지만, 다답형 문제 또한 존재한다.
이를테면,

'도넛은 오목한 도형일까 볼록한 도형일까?'
'빨대의 구멍은 1개일까, 2개일까?'

정답은 각자의 마음속에 정하면 되는 것.
굳이 이거라고 말할 필요가 없는 것이다.
어둠은 빛이 부족한 현상이고, 밝음은 어둠이 부족한 현상일 뿐이다.
부자는 금전적 여유가 좀 있는 것이고, 가난은 금전적 여유가 적은 것일 뿐이다.

찾아오는 하루하루를 고맙게 생각하고 감사함을 느끼며 살아가자.
누구에게나 공평하게 주어지는 시간. 나 하기에 따라 길게도 짧게도 살 수 있다.
시간 허비하지 말고 나름 가치 있게 살아가는 것이 최고의 인생이지 않을까.

발을 내려다보지 말고 별을 올려다보자

"발을 내려다보지 말고, 새까만 밤하늘의 별을 올려다보라."

'우주를 지배하는 법칙들을 발견하고 이해하려고 애써 보라'고 격려했던, 루게릭병을 앓던 물리학자 스티븐 호킹 박사가 2012년 런던 패럴림픽 개막식 무대에서 한 말이다.

인간은 누구나 창조의 능력을 가지고 있다고 한다.
그 능력의 결과는 일치하지 않고 다양하게 나타나게 되므로 평범함이 아닌 표준이 필요한 것이다.
그러니까 그 능력으로 인간의 삶이 아무리 어려워 보여도 '할 수 있는 일'과 '더 잘할 수 있는 일'이 반드시 있다는 것이다.
능력 자체는 형체가 없다. 꺼내어 보여줄 수 없는 사항은 마음속에 담아 전달하라. 기억으로도 전해질 수 있다면 이 또한 얼마나 다행스러운 일이냐. 혈기왕성함이 인생의 봄날이었다면, 내게 봄은 이제 지나갔다.
청춘의 열락과 쇠락은 이렇게 소리 없이 교체기 된다. 능력의 개발은 자신의 신념을 갈고닦아 결과를 표출하는 증표다. 자신을 넘어서지 못하면 더 이상 넘을 수 있는 만만한 산은 없는 것이다.
최소한 '장끼가 우니 메추리가 화답한다'라는 정도의 결과치라도 해내야 한다.

'숲이 깊어야 범이 들지'는 막연한 기대의 결과론이자 희망 사항이다.
범이 들어올 수 있도록 숲을 가꾸는 일이 선행돼야 한다.
노력은 게을리하고 성과만 부풀려 기다린다면 늘 무결과의 핑곗거리만 산적해진다.
단순히 먹자니 싫고 남 주자니 아까운 격이 아니겠는가.
세상의 삶이란 게 어디 늘 평탄만 하겠는가.
노력과 결과는 일심합체다.
많은 일들을 순간의 기분에 편승하지 말고 마음으로 그 수순을 정해야 한다.
게임에는 연습이 필요하지만, 삶은 연습 없는 실전이다.
새벽을 보자고 초저녁부터 날밤을 새우는 우를 범하는 어리석음은 폐해가 아닐 수 없다.
힘들이고 공을 들여 노력해야 한다.
하찮은 미물의 작은 새일지라도 날갯짓이 자라 날아오르는 연습을 무던히 진행한 결과로 창공을 비행하는 것과 같다.

나무를 심자.
새가 오기를 원하면서 또 범이 찾아주기를 기대하면서 숲을 가꾸자.

삶. 별거 아니다.
가까이 보면 비극이고, 멀리 보면 희극이다.

오적어묵계(烏賊魚墨契)

"이건 버리는 거냐?"

흑산도로 유배 간 정약전이 섬 소년 창대에게 오징어에 대해 묻는 말이다.

대개 이런 질문은 버리지 않겠다는 반대 의미의 답을 바라며 던지는 말이려니….

세상은 공약과 허언, 공수표에 이어 '아니면 말고'가 난무한다.

믿음과 신뢰가 무너지고 붕괴한 사회.

그래서 상대방을 설득하고 떠받들 때는 '진심으로'와 '꼭', '진짜로'가 붙어야 믿음직해 보이는 세상이 된 것 같다.

비단, 보증되지 않는 말과 문서는 현재에만 있는 것이 아니라 옛날부터 이어져 전해지는 말이다.

'오적어묵계(烏賊魚墨契)'

즉, 신뢰할 수 없는 약속으로 '오징어 먹물로 쓴 약속'이란 뜻이다.

'오징어 먹물로 쓴 글씨는 해를 넘기면 먹이 없어지고 빈 종이가 된다'고.

그래서 오징어 먹물로 글을 써서 사람을 속였다는 조선 실학자 이수광은 '지봉유설'에서 이렇게 설명했다.

옛날과 현재를 비교해 보면 상대를 속이고 속는 근본적인 원인은 큰 변동이 없어 보인다. 노력에 비해 더 큰 이득을 보려는 심리에 과장을 심어주고, 허황된 꿈에 헛바람 불어넣고, 불로소득과 일확천금 대박의 꿈을 마구마구 뿌려줘 정신줄을 놔 버리게 만드는 심리적 기술을 일종의 '사기'라 한다.

노력한 만큼과 일한 만큼의 몫만 챙기는 마음가짐 속에는 사기가 들어와 똬리를 틀 틈이 없다.

하지만, 거짓말과 사기가 차고 넘치는 사회, 믿음과 신뢰가 희미해진 세상에서는 어떠한 진실도 인정받기가 힘들다.

오죽하면 밀접한 관계에서도 손가락 걸고 맹세하고, 손바닥 엇갈려 쓸어내는 '손 복사'와 '엄지 꾹'의 지장까지 찍겠나.

7부

그렇고 그런 날들의 행복

7부 그렇고 그런 날들의 행복 · 267

그 심정이 어떠했을까

- 이 시기를 놓치면 후회막급이다.
- 구경꾼들은 자신만의 역사가 없다.
- 잠만 자는 사람은 꿈은 꿀지언정 꿈을 이룰 수가 없다.
- 잔잔한 바다에는 유능한 뱃사공이 없다.
- 바이킹을 만든 건 거센 바람이었다.

이러한 귀한 말에 힘입어 새로움을 창조하고자 '초경량비행장치 조종자 무인 멀티콥터' 즉, 대중적으로 잘 알려진 '드론' 조종 자격시험에 도전을 했다.

나름 문제지와 답안지를 눈이 시리도록 읽고 쓰고, 두어 달 학습을 한 후, 사기가 충만하여 들이댔는데, 실제 문제지를 받아 보니 머릿속은 온통 드론 한 대가 굉음을 내며 휘젓고 떠다니는 듯 혼미하다. 눈앞의 문제지 화면 또한 자욱이 안개가 낀 것처럼 희뿌옇게 먹구름의 늪이다.

이 말이 그 말이고 그 말이 저 말 같은 아리송한 문제들….

이렇게 1차 시험은 당연한 불합격. 그 결과를 즉석에서 확인한 후 낙향을 하게 되었다. 참, 할 일도 많은데 또다시 시험공부를 해야 한다는 사실이 너무 큰 부담으로 다가왔다.

얄궂게도 궂은 비가 뿌려대는 성산대교를 통과하는 중, 라디오에서 흘러나오는 노랫말.

"돌아오는 길이 너무나 힘들었어~"

내 심정이 딱 그랬다.

그래, 맞다. 시험에 불합격하고 생업에 복귀하는 내 마음이 너무 처량했다.

불합격, 탈락, 고배, 컷오프, 미달 등의 부정적인 단어 뒤에 꼭 따라붙는 말.

'다음 기회에…'

얼핏 들으면 용기를 주고 희망을 주는 좋은 말 같아 보이지만, 결론은 안 됐다는 사실이다.

지금은 시절이 좋아 교재와 기출문제, 예상문제를 모두 컴퓨터를 통해 접하고 시간에 구애 없이 얼마든지 반복해서 풀어볼 수 있는 편리함이 있다. 비록 서울에서 시험을 치러야 하지만, 당일에 승용차를 타고 올라와 시험에 응시하고 결과까지 확인한 후 집으로 돌아가거나 직장에 복귀할 수 있다.

만일 결과가 안 좋으면 될 때까지 매달 도전할 수 있으니, 참 신속하고 편리한 세상이다.

그러나 근·현대화 이전에는 상상조차 할 수 없었던 일이다.

불과 200여 년 전, 조선 시대에는 과거시험에 응하고자 수십 일을 걸어 한양으로 향했다. 이렇게 어렵게 과거에 응해 보지만, 급제하는 사람은 극소수. 낙방을 하고 고향으로 돌아가야만 하는 지방 서생들의 심정은 얼마나 처절했을까.

일 년을 또 머리를 싸매고 수학해야 하고, 또 없는 살림에 노잣돈을 마련하고, 괴나리봇짐을 싸서 보장도 없는 먼 과거 길을 반복해야 했던, 수많은 무명의 선비들과 동병상련의 비유는 턱도 없겠지만 연민의 정이 깊게 느껴졌다.

첫 번째 불합격 후 갈등이 생겼다.

불가능한 일이라면 이대로 멈춰야 하나? 생업과는 하등의 관계도 없는 일을 꼭 해야 하나? 하지 않아도 될 일을 왜 시작해서 생고생을 하고 있지? 별별 생각이 다 들었다.

아니지. 우물물은 퍼내야 새 물이 고이고, 포기는 배추를 셀 때 쓰는 단위라 했다. 미리 포기하고 내려놓기보다는 일단, 재도전해 보자. 은근히 오기도 생기고 무엇보다 한 번만 더 도전하면 100% 될 것 같은 희망적인 느낌이 강하게 작용했다.

휴식은 다음 기회로 미뤄놓자. 병아리와 프라이는 능동과 수동의 차이이며 지혜가 상황을 바꾼다고 했다.

그러나, 결심만 한다고 결과가 내 입맛에 맞게 상 차려질 일은 또한 없는 일. 훗날, 한 번의 만족하지 못한 결과로 주저앉고 말았다는 주홍글씨가 내 이력에 두고두고 붙어 다닌다면, 그것이야말로 다른 무엇보다 두려운 일이었다.

시험이라는 것은 결국 끊임없는 노력과 성실함의 결과로 만족할 만한 목적을 달성하는 것이다. 지금까지 그렇게 살아온 삶의 경륜을 결코 무시할 수 없는 것이다.

한 달 후.

이웃집 개 덕에 도적을 면한 것이 아닌, 살 빠져가며 끈질기게 반복 학습을 한 결과, 너무나도 싱겁게 만점이라는 불가사의한 점수를 기록했다. 드디어 느긋한 마음으로 평온한 하루를 맞는다.

공 한번 치러 가세!

86아시안게임과 88올림픽을 앞두고 범국민적으로 스포츠의 열기가 고조되었다.

당시 분위기로 보아 최소한 한 사람이 한 가지의 구기 종목쯤은 할 수 있거나, 그런 단체에 소속되어야 할 것 같았다.

다행히 그 무렵 지역에서 '조기축구회'가 구성되어 나는 자연스럽게 그 단체의 창립회원이 되었다.

축구는 과격한 운동이어서 나하고는 맞지 않는다고 생각했었는데, 막상 직접 하고 보니 의외로 재미가 쏠쏠했다. 어쩌다 골인이라도 하는 날은 그 성취감과 행복함이 이루 말할 수 없어서, 그동안의 스트레스가 씻은 듯이 날아가 버렸다.

한마디로 축구의 골인의 마력은 유도의 한판승이며, 골프의 홀인원과 같은 짜릿한 쾌감일 것이다. 또한, 마라톤 주자가 긴 고통의 시간을 견디고 결승점에 도달하는 환희의 순간과도 같을 것이다.

1986년도 오산읍 소재지, AJ 설계 사무실에 근무할 당시였다.

인접지인 정남면 OO리에 상수도 위생 용기를 생산하는 중소기업의 인·허가 설계를 담당하게 되었다. 업무 진행은 물론 그 회사의 담당 부장님과의 교류도 내 업무의 일부분으로 진행하고 있었다.

최종 결제 시에는 대표이사님인 회장님께 진행에 대한 모든 과정을 구두로 설명하고, 통과가 되면 다음 날 결재 승인을 해주셨다.

한번은 그 어렵고 깐깐하기로 유명한 OO 회장님께서 한 가지 제안을 하셨다.

"자네 다음 주 일요일 날 나하고 공이나 한번 치러 가세."
"그러시죠."

나는 별생각 없이 덜컥, 즉석에서 약속을 하고 말았다.

요즘 조기축구회에서 한참 주가를 올리고 있을 때라서 내 입장에서만 생각을 했던 것이다. 그러면서 한편으로는,

'아니 80세가 다 되신 분이 무슨 축구를 하자고 하시나?' 하고 생각했다. '공 한번 치러 가세'를 '공 한번 차러 가세'로 받아들인 것이다.

다음 날 곰곰이 생각을 해보니, 공치자는 말씀은 축구공을 차자는 게 아니고, 골프공을 치자는 말씀이었던 것이다. 그 뜻을 나만의 입장으로 왜곡해서 해석했음을 뒤늦게 알아차리게 된 것이다.

큰일이다. 나는 골프채를 잡아본 적도, 골프장 옆으로 스쳐 지나 다닌 적도 없는 골프의 문외한이었으니까 말이다. 등에 진땀이 난다는 말은 이런 경우에 해당되는 것임을 실감했다.

불편한 마음으로 금요일 오후가 되기만을 기다렸다.

드디어 금요일 오후.

마음을 가라앉히고, 회장님이 계시는 회사로 가서 새빨간 거짓말을 했다.

"회장님, 오늘 아침에 갑자기 작은아버님이 돌아가셔서 일요일 날 장

례를 치르게 되었습니다. 회장님과 공치러 갈 약속을 이행하기 어려워서 상황을 말씀드리러 왔습니다."

"아이고, 당연히 장례식에 가야지 운동은 무슨…. 다른 사람으로 교체할 테니, 장례식에 잘 다녀와요."

그 회장님은 이미 고인이 되셨지만, 그때의 일은 나의 골프에 대한 무지로 인해 발생한 거짓말이었음을 사죄드린다.

그때 솔직하게 '골프는 전혀 할 줄 모른다'라고 왜 솔직하게 말하지 않았는지, 조금은 후회스럽기도 하다. 솔직히 말했더라면 회장님과의 관계가 달라졌을까. 아니, 좀 더 떳떳했을 것이다.

그 후론 어떤 상황에서든 둘러대거나 변명을 하지 않는다.

이후, 3년간 골프를 배웠지만, 지금도 골프를 치러 다니지는 않는다.

'할 줄 알면서 안 하는 것'과 '할 줄 몰라서 못 하는 것'은 큰 차이가 있다.

지극히 맞는 말이다.

얼추 맞습니다

1990년대 초, 그 당시는 화성시 일대가 한창 개발의 붐이 일어나던 시기였다.

건설업자들은 1톤짜리 봉고트럭 정도의 화물차만 진출입이 가능해도 앞다투어 소형 공장 허가를 냈다. 200제곱미터(60평) 이하의 제조장 허가만 받아도 몇 배씩 시세차익을 남기는, 그야말로 황금알을 낳는 기회의 땅 '화성'이었다.

30여 년이 지난 지금, 지형이 조금 높은 곳에 올라 아래를 내려다보면, 온통 중·소형 공장과 주택들이 얽히고설켜 형형색색 물감을 풀어 마구 휘저어 놓은 듯한 어지러운 혼합 도시가 되었다. 그다지 좋아 보이지 않는 이러한 모습은 그때부터 시작되었다고 보면 틀림이 없다.

설계사무실과 건설업자들은 소위 단골로 맺어진 관계다. 건설업자가 설계사무실에 지번만 알려주면, 이후엔 알아서 일사천리로 업무를 진행해 허가를 대행해 주는 일종의 '허가방'이라고 해도 과언이 아니다.

설계 대금은 허가가 난 땅이 매매된 후 일괄 처리하는, 돈독한 커넥션이 당연시되는 사회구조였다.

그러나, 견물생심이라고 허가지가 매매되면 설계 용역비를 바로 입금시켜야 하는데도 불구하고 차일피일 미루기가 일쑤였다. 그렇게 한두 건이 밀리다 보면 미결제 대금이 천만 원 단위를 훌쩍 넘어갔다. 이런 경우가 종종 발생하다 보니, 밀린 설계 용역비를 독촉하게 되고 때에 따라서는 언성을 높이는 사례 또한 빈번하게 일어났다.

지금의 망O동에 거주하는 J라는 건설업자가 그 당시 우리 사무실과 거래를 했었는데, 계속 결제 대금을 미뤄왔다. 그러다 보니, 두어 번 독촉을 안 할 수가 없는 상황이 되었다.
J 사장은 본인보다 나이가 어린 일개 설계사무실 실장에게 대금을 독촉받는 게 자존심이 몹시 상했었나 보다. 지금은 없어진, 당시 오산 남촌 지하도 입구에 있던 경기은행에서 밀린 설계 용역비 1,500만 원을 모두 동전으로 환전한 뒤, 낑낑대며 그걸 들고 왔다.
경기은행 로고가 선명하게 찍힌 광목으로 된 동전 자루를 냅다 책상에 집어 던지며 험악한 목소리로 소리를 질렀다.

"야! 밀린 설계비 가져왔으니까 맞는지 틀리는지 꼼꼼하게 세어 봐!"

우리 사무실 S 사장님, 그리고 나를 포함한 사무실 직원들 모두가 놀라 눈이 휘둥그레지고 순간 얼굴이 굳었다. 사무실에 정적이 돌고 모두의 눈들은 일제히 나를 주시하고 있었다.
동전으로 환전해 온 J 사장은 동전 자루를 풀어헤치고 쭈그리고 앉아 동전을 세는 내 모습을 상상하고, 회심의 미소를 지으며 기고만장하게 서 있었으리라.
하지만, 나는 한순간에 그 기대를 묵살해 버렸다. 동전 자루를 끌러보지도 않고 한 손으로 들어 보고는,

"얼추 맞습니다."

시간이 얼마나 걸릴지 모르지만, 긴 시간 그것을 세느라 애를 쓸 내 모습을 기대했던 J 사장은 예상을 빗나간 돌발적인 내 행동에 벙쪄서 벌어진 입을 다물지 못했다. 그 순간 그는 얼마나 허무했을까.

우리 사무실 직원들은 '이렇게 통쾌할 수가!' 하는 표정으로 터져 나오는 웃음을 가까스로 참고 있음이 역력했다.

지금은 고인이 되신 J 사장님.

이 나이가 되어 내가 그때 일을 되새겨 볼 줄 꿈에나 생각하고 있었을까.

그때, 그 일을 겪고 나서 그 사건을 큰 교훈으로 가슴속에 담아 두었다. 그 후로 나는 지금까지 타인에게 비수를 꽂는 일은 하지 않으려고 노력하며 살아왔다.

나도 이제는 지나간 추억으로 그 시절을 반추해 보며 쓴웃음일지라도 입가에 미소를 띠어 보는 나이가 되었다.

진짜로?

대한민국 헬스케어 대상 '쏘팔코사놀'
이제는 홍삼보다 '흑삼'
120년 5대를 전해 내려오는 명성의 '우슬봉조탕'
풍(風)을 다스린다는 천마 '진천 마고'
앉아만 있어도 체형 보정 '트러블 체어'
한번 사면 평생 공짜 '나 홀로 사우나'
햇살 에너지 '비타민D 50㎍'
눈 침침 흐릿, 눈 건강엔 '루테인'
장 속 변을 시원하게 '다이어트 센 비움'
혈당! 혈당! 혈당! '당(糖) 프로'
완벽한 남성(性)을 위한 '퍼펙트 맨'
숨의 힘, 기적의 건강 '숨 플러스'
바르면 신기하게 안 아파 '신통 크림'
죽어가는 사람도 살린다는 '사향공진단'
명가의 아침 '능서 카운티'

아프면 무조건 걸어라 '누우면 죽고 걸으면 산다'
어느새, 수소

어느새, 넥쏘

스페셜 스니커즈, 유럽 신사의 나들이 캐주얼 매력 폭발,

구김 없는 스판 바지 '(주)로드워크'

유신근이 있습니다 '유신근 박사 동물병원'

저것을 한곳에 모두 모아 한 사흘 가마솥에 푹 고아 들이키면 이백 년은 너끈하게 살 수 있을 것 같지 않니?

오늘 조간신문에 게재된 광고 문안들이다.

가려진 얼굴들

전혀 예측하지 못했던 불안한 시대가 되었다.

따라서, 전 국민이 지금까지 유례를 찾아본 적이 없는 마스크를 쓰고 일상생활을 해야 하는 상황에 처했다. 하물며 젖먹이 어린아이부터 유아원, 유치원에 다니는 어린이들도 예외는 아니다.

이렇게 가다가는 천진난만한 아이들의 해맑은 웃음도, 청소년들의 희망찬 눈빛도, 젊음과 청춘의 상징인 야망도 마스크에 가려진 채 제 빛을 잃어가고 말 것 같은 불안감이 엄습한다.

60대 후반을 가속으로 달려가는 나.

빛나던 젊음과 윤기 흐르던 시간은 이미 흘러갔고, 날이 갈수록 칙칙해지는 얼굴빛은 피해 갈 수 없는 노년기를 암시하고 있다.

거울 속에 보이는 내 모습은 이젠 성숙함도 노련함도 흐르는 세월에 박탈당한 채, 잔주름과 조화를 이루는 굴곡진 삶의 흔적만이 뚜렷하다.

거기에 더해 마스크까지 쓰고 살아가야 한다니, 이게 대체 무슨 조화속인지.

어쩌면 보기 싫은 것, 보고 싶지 않은 것, 가려지니 오히려 다행이려나?

그나마 침침한 노안 속에서 빛나는 형형한 눈빛.
그래, 나 아직 살아 있다.

오늘이 내 인생의 가장 젊은 날이란다.
내가 나를 모르겠는데 너는 나를 알겠느냐.
마스크를 벗고 각도를 달리해 셀카 사진 몇 장 찍는다.
자화상이 별거냐.
내가 만들고 내가 만족하면 그게 내 자화상이지.
까짓 마스크쯤, 이제 두렵지 않다.

코로나19 예방접종기

한 번도 겪어보지 못한 세상을 맞이하고 살다 보니, 별 개떡 같은 역병이 돌아 세상천지가 아수라장이 되었다.

나이 많은 게 훈장인 듯, 노인들은 그나마 예방접종 우선권을 주어서 각자 희망하는 병원에 등록한 후, 선착순으로 예방주사를 맞도록 조치함에 따라 이 나라에 등록된 국민임을 재확인하는 기회를 부여받았다.

말도 많고 더러는 탈도 생기는 코로나19 예방접종이란다.

이 눈치 저 눈치 보느라 자율적으로 신청도 안 하고 그냥 버티는 노인들도 부지기수다. 물론 귀하신 몸뚱이들의 소유자가 맞다. 잘못되고 재수 없어 부작용이라도 발생될까 봐 노심초사하는 마음과 행동도 이해는 간다.

하지만, 오죽하면 국가의 예산으로 무료 접종을 해줄까. 억측 부리지 말고 맞는 것이 정답이다. 대우해 줄 때 혜택받고, 건강하게 남은 여생 남들에게 민폐 끼치지 말고, 치매 걸려 헛소리하지 말고, 벽에 X 칠하지 말고, 깨끗하고 정갈하게 살다 곱게 가는 것이 우리의 의무인 것 같다.

아스트라제네카를 맞았다.

접종 후 아무런 증세가 없었다. 이거 그냥 식염수를 놔줬나? 어떻게 이렇게 아무렇지도 않을 수가 있지? 남들은 열, 오한, 통증이 심하다던데…. 처음엔 그런 생각이 들 정도로 별 반응이 없었다.

다음 날 새벽, 일상적으로 서봉산 등산으로 하루 일정을 시작한 후, 평상시대로 출근을 해서 업무를 시작했다. 그런데 오전 10시쯤부터 피곤함이 밀려들었다.

등산을 너무 무리하게 했거니 생각하고 계속 업무를 보려는데, 몸이 평상시와 다른 느낌으로 노곤노곤한 게 만사가 귀찮고 무기력해졌다. 업무를 중단하고 오래된 단골 이발소에 들러 이발을 하는데 이상하게 계속 졸음이 몰려와 졸다 깨다를 반복했다.

집에 돌아와 아내에게,

"어유, 이상하게 피곤하고 노곤해서 그냥 퇴근했어."라고 하니,

"응, 그거 환절기에 갑자기 더워져서 그래. 나는 매년 겪는 계절 증세여."라고 한다.

"그래서 그런가?"

그런 증세를 한 번도 겪어보지 않은 터라, 그냥 그런 것으로 이해하고 소파에 기대어 끄떡거리며 졸기를 수 시간. 때가 되어도 밥도 먹기 싫고 말도 하기 싫어진다.

나도 이제는 많이 늙었나 보다. 그야말로 기력도 근력도 없어지고 영락없는 누군가가 돌봐줘야 하는 노인이 되었나 보다 하는 자괴감이 밀려왔다.

다음 날 일요일 아침, 귀찮지만 밀린 업무를 해결하려고 출근을 한 후, 컴퓨터 자판을 몇 자 쳐보니 이 또한 귀찮고 손에 힘이 안 붙는다. 갑자기 무슨 원인 불명의 병이라도 생긴 걸까?

그냥 귀가해서 점심으로 식탁에 떡국을 한 그릇 놓고 도대체 입맛이 없어 떡 점을 세면서 억지로 몇 점을 먹고 숟가락을 내려놨다.

아내의 열과 성의로 끓인 떡국인데…. 결혼 40년 만에 배당받은 식사를 남기는 초유의 사태가 발생했다.

계절의 바뀜에 노구의 반응이 이렇게 심할 줄이야. 그리고 거의 자 본 적이 없는 낮잠을 청했다. 아니 그냥 퍼져 누웠다.

다음 날 물먹은 솜과 같은 컨디션 제로의 상태로 출근을 하니 업무가 손에 안 잡힌다. 어영부영, 하는 둥 마는 둥, 일을 접고 친구에게 전화를 걸었다.

"웬일이래?"

전화기 저편의 오랜 친구 W의 목소리다.

"염병할, 왜 그런지 졸리고, 힘없고, 귀찮고…. 안 되겠어. 우리 매운 코다리나 먹고 몸뚱이 재정비 좀 하자구~."

"아, 그거? 예방주사 후유증이야. 흐흐흐."

친구 W가 놀리듯이 킬킬댄다.

"아이고, 뭐~? 이런 증상이 예방주사 후유증이라고?"

그렇다면 이런 증세를 환절기 계절병이라고 진단했던 아내는 쌩 돌팔이 의사…?

어찌 됐든, 또 다른 친구 S와 W, 나 이렇게 셋은 오랜만에 매운 코다리에 밥 비벼 먹고(그때도 매운 건지, 짠 건지 미각에 감각이 없었다) 그날 저녁부터는 점차 회복되어 일상으로 돌아왔다.

원인을 알 수 없었던 짧은 고생이었지만, 그래도 나이를 배려해 준 덕으로 평균보다 일찍 맞을 수 있었으니 감사한 일이다.

전쟁터에서 지급된 갑옷과 방패는 아닐지라도, 얇디얇은 비닐랩과 같은 막으로 몸을 한 겹 더 감싼 것 같아 한결 마음이 놓인다. 2회 중 1회만 맞았을 뿐인데도 말이다.

기회를 제공해 줄 때 미루지 않고 맞는 것이 순리인 것 같다. 선진 시민 의식으로, 방역 모범국 국민답게!

가장 좋은 백신은 빨리 맞을 수 있는 백신이란다.

큰 간판과 개인의 차이

　내로라하는 큰 간판 밑에서 일하는 것과 자기 이름을 걸고 일하는 것. 사회생활에 임할 때는 거의 두 종류로 분류한다.
　큰 간판일수록 권력과 뒷배경이 든든하여 그 속에 있는 인간들까지 덩달아 목에 힘을 주고 어깨가 뻣뻣하다. 반면에 소박한 자기 이름 하나로 버티고 있는 소규모 업체들은 초집중을 하고 심혈을 기울여야 겨우 생존할 수 있다. 자체 방어력만이 유일한 생존 법칙인 것이다.
　이렇게 보이지 않게 굳어진 사회적 규범을 마르고 닳도록 학습하고 또 반복하여 명장과 달인이 된다손 치더라도, 실수 한 방에 그동안의 성과가 훅 가게 되는 참으로 냉정한 세상이다.
　바꿔 말해 큰 간판이 후광으로 작용을 하면 큰 잘못을 해도 관행이란 논리로 덮어지며, 법의 논리가 그런 결과를 초래하게 되었다는 궤변으로 일축할 수 있다.
　오로지 자신의 이름으로 모든 책임을 감수해야 하는 소규모 기업체는 사소한 오류나 시행착오, 또한 만에 하나 발생될 수도 있는 실수에도 해명은커녕 엄중한 책임만을 감내할 수밖에 없다.
　큰 간판은 당당하고 화려한 반면, 개인의 이름은 왜소하고 누추하다.

　정글 속에서 강한 놈이 살아남는 것과, 사회 속에서 살아남는 놈이 강한 것과의 차이는 무엇일까.

코로나바이러스가 온 세상을 덮친 어수선한 시절에 촘촘하게 잘 짜인 큰 간판의 그늘 아래에 비비고 있는 자들은 겉보기엔 그럴싸해 보인다. 하지만, 그 실상을 자세히 들여다보면 치사하고 오만한 군상들이 변태적인 방법으로 결집한 잡상들의 집단에 불과하다.

구성의 체계가 주춧돌이 삐끗하면 방구들 전체가 들먹이게 되는, 쿠션 없는 일체형 세트라서 그들의 결속력은 이렇게 정의된다.

'우리는 하나' 또는 '우리가 남이가?'

코로나가 한창인 요즘, 어느 곳이든 장소를 불문하고 사람이 모이는 곳엔 거의 투명한 아크릴판을 사이에 두고 대화한다. 사람과 사람 사이의 관계는 완전히 차단하고 싶어도 완전하게 차단될 수 없는 일이라는 것이다.

상대방과 떨어져 홀로 고립되는 일은 두렵고, 가까이하면 아프고, 멀리하면 외로운 고슴도치의 딜레마에 빠져든 난세의 현상이다.

코로나바이러스로 인해 새롭게 등장한 새로운 행태의 관계법이다.

모두가 힘들고 어려운 생활 속에서도 서로의 눈을 더 많이 바라보고, 서로의 말에 귀 기울여주어야 하는 세상이다.

얼굴의 절반 이상이 가려진 상태에서 간절하게 전해지는 눈빛과, 마스크로 가려져 여과되어 나오는 말귀를 그나마 마스크 걸이에 옭매어진 귀를 쫑긋 세우고 경청해 주어야 하는 것이다.

혼돈의 세상 속에서도 변화와 속도는 거침없이 내달리고 있지만, 그래도 인간적인 본심은 잃지 말고 서로의 눈빛에서 희망을 엿볼 수 있음을 깨달아야겠다.

4월.

이 암울하고 어두운 시절에도 어김없이 봄은 찾아왔다.

화창하고 찬란한 봄이다.

상처가 꽃이 되고 열매를 맺게 되는 자연의 순리와 은혜를 믿는다.

시대 유감

황사 천국.

몽골 고원에서 발생한 황사가 강한 서풍을 타고 3일이면 한반도에 상륙한다고 한다.

몽골 인구 350만 명에 초원의 풀을 뜯어 먹고 살아가는 가축은 약 7천 7백만 마리(2018년 센서스)로 확인이 됐다.

그러니까 아무리 나무를 심어 봤자 염소 몇십 마리 풀면 어린 나무뿌리까지 다 파먹어 도로 아미타불이 되고 만다. 나무와 풀이 사라지면 표토가 바람에 휩쓸려 날아가고 표토 없이 식물이 살아남는다는 것은 한갓 염원일 뿐이다.

나무 심기와 표토의 상실, 그리고 초원에서 유목민들의 생존은 지속적으로 돌고 도는 악순환일 수밖에 없다. 하긴, 몽골에서의 식목은 사막화를 더 촉진할 수도 있다고 한다.

환경 전문가(이도원, 서울대 환경대학원 명예교수)에 의하면 '나무는 뿌리로부터 빨아 올린 토양 속 수분을 잎을 통해 공기 중으로 흩뿌리는 증발산 작용으로 그나마 땅속에 약간 남아 있는 수분마저 말라붙게 만든다'라는 것이다.

그 증거로 중국 북서부 쿠부치 사막에 포플러 나무숲을 조성한 후 지하수 수위가 떨어져 건조화가 더 악화됐다는 논문도 있다고 하니, 사막화를 막기 위해 숲을 조성해야 할지 아니면, 역효과를 생각해 그냥 있어야 할지 좀 더 심도 있는 연구가 필요할 것 같다.

코로나19만으로도 벅찬 일상이 황사로 인해 더 숨 가쁜 세상이 됐다. 환경 훼손으로부터 지구를 지켜야 한다는 말을 누누이 들어왔건만 등한시했고, 도외시했던 일부 환경 나부랭이들이 생존을 위협하는 다크호스로 자리매김을 하였다.

지구의 환경 변화로 인해 평균 기온이 0.5℃ 정도 상승했다. 따라서 오래전부터 정해져 있던 4월 5일 식목일도 한 열흘 앞당겨야 맞는다고 각 방송사에서 앞다퉈 보도한다.

중국과 몽골발 황사로 한 치 앞도 분간하기 어려운 시기에, 분명 보통 사람은 아닌 듯한 일부 특별한 사명(?)을 부여받은 사람들이 별의 순간이 왔다고 난리들이다. 별은커녕 밝은 태양도, 그보다 가까이에 있는 달도 안 보이는데 뭔 별의 순간인지, 달의 순간이 지나고 있는지, 지극히 평범한 위치에 있는 우리네 보통 사람들은 알 턱이 있나.

하여간 잘 풀려서 LH 정문 안에서만 근무했더라면 발 빠르게 대출을 받아 땅도 사고 집안 식구들이 총출동하여 정해진 식목일과 관계없이 시도 때도 없이 나무를 많이 심었을 텐데….

집안 식구들 애먼 나무 심기 노동 동원에 참여 못 시킨 것에 안도해야 하는 건지, 자랑스러워해야 하는 건지.

눈만 뜨면 해 처먹고 등쳐 먹고 요리조리 기름 장어처럼 잘도 빠져나가더니만, 결국 한 사발 거리 저인망 그물에 재수 없이 걸린 무리들이 꽤 되는 모양이다.

폭락한 배추밭이나 같아야 갈아엎기나 하지 참, 부질없는 세상이다.
악악대며 살지 말고 이제, 그만 맑고 밝은 별이나 보러 가자.
강원도 춘천 건봉령 승호대로. 별의 순간이 거기 있다더라.
소양호 수면 위엔 반짝이는 은하수가 뜬다고 하더라.

소도(蘇塗)

삼복.

불을 담은 화덕을 근처에 두고 생활하는 것과 같은 요즘이다.

조금 과장해서 표현하면 불에 달군 프라이팬을 몸 가까이에 대고 있는 듯한 더위다.

무더위 속에 수도꼭지를 틀면 처음엔 물도 뜨겁게 나와 잠시 냉수, 온수의 방향도 헷갈리게 만든다. 불쾌지수는 있는 대로 치솟아 잠시 헷갈린 정신머리까지 타박하게 한다. 이놈의 화를 불러일으키는 막장 더위는 언제 끝이 날지, 그 끝이 예정되어 있기나 한지 막연하기만 하다.

카톡에 올라오는 그림과 사진, 영상들은 폭포수, 계곡 물줄기, 수박 화채, 빙수 등등, 여름철 더위를 식혀 주고 더위에 지친 갈증을 해소시켜 주는 청량한 것들이 주를 이뤄 그나마 눈으로 더위를 식힌다.

오랜만에 아내와 함께 시청하는 드라마는 '코로나19'로 1년이 지연되어 열리는 '2020 도쿄 올림픽' 중계방송 관계로 결방이 되어 자의 반, 타의 반으로 코로나19 감염 수치와 2020 도쿄 올림픽 중계방송을 '1+1 묶음 세트'로 시청하게 되었다.

발병 수치가 고공 행진하는 역병의 일일 도표가 허탈함과 우려를 자아내는 가운데, 그 열악한 환경 속에서도 올림픽 참가 선수들이 일궈 낸

'더위+승리'라는 진한 감동과 쾌감으로 잠시나마 더위를 잊는다.

어떤 형태의 일은 항상 일정 기준의 한계라는 게 있다. 부족과 넘침, 미달과 과잉.

즉, 충분함과 모자람이라는 게 반드시 존재한다. 오죽하면 지난날 학창 시절 성적표에는 수, 우, 미, 양, 가로 선별 분류하여 기록되었을까.

그중, 주로 하급에 속하는 미, 양, 가는 격려와 위로로 희망을 불어넣어 주는 뜻이 아니었겠는가.

내 나름대로 해석을 붙여 보면,

미 – 조금 미진함.

양 – 조금 양호함.

가 – 그래도 가능성 있음.

의 뜻이었으리라.

설상가상, 코로나19에서 덩치를 더 키운 변이라는 게 나타나고, 수은주가 맘껏 치솟다 이제는 모든 것을 열돔에 가뒀다. 세상 어느 곳도 오도 가도 못하는 생전 처음 겪는 세상이 되었다.

돼먹지 못한 이놈의 시끌벅적한 세상을 등지고 살아갈 수 있고, 바깥 세상이 감히 넘겨다볼 수 없는 소도(蘇塗)는 과연 없는 것일까.

최신형 휴대폰으로 바뀌었지

초등학교를 졸업한 지도 오십 년이 훨씬 지났다.

우리가 다닐 때만 해도 국민학교라고 했었는데, 왜정 시대의 명칭이라고 해서 초등학교로 바뀌었다.

회갑을 넘긴 나이로 초등학교 동기동창들의 모임을 나가 보면, 그야말로 몸뚱이 성한 친구들이 몇 안 된다. 자연스럽게 그 친구들의 표정이 몇 가지로 분류가 된다.

첫째, 시골 땅 부자 친구들은 직업 특성상 햇볕에 노출되는 시간이 많다 보니 하나같이 얼굴이 까맣게 그을렸다.

또한, 새참을 먹을 때마다 몇 순배씩 술잔이 돌아가고, 무료할 때는 줄담배를 피워 대고, 트랙터, 경운기를 몰며 논과 밭을 고르고, 로터리를 치고, 밭이랑을 만들고, 모 심고, 벼 베고, 볏짚을 모아 엔실리지 둥지를 만들고, 땅 갈고….

이렇듯 주로 육체노동의 강도가 세다 보니, 얼굴이 많이 그을리고 주름골이 굵고 깊게 팬 것이 평균 이상의 나이로 보이는 경우가 많다.

둘째, 공직자로 지내다가 정년퇴직한 친구들은 머리는 서리를 맞은 듯 허옇게 변했으나 평균 나이보다는 좀 덜 들어 보인다.

셋째, 고정적이고 안정적인 직업이 아닌, 다양한 직업을 두루 거친 친구들의 표정은 지치고 힘든 모습들이며, 거의 규칙적으로 병원에 들락이는 생활을 하고 있는 것이다.

 물론, 개개인에 따라 전혀 그렇지 않은 사람들도 있겠지만, 보편적으로 그렇다는 얘기다.

 인접한 S시에서 이삿짐센터를 운영하고 있는 N 친구는 덩치도 크지 않고 건강도 그렇게 좋은 편은 아닌 것 같은데, 힘에 부치는 일을 하다 보니 얼굴에 수심이 가득하고 늘 피로에 지친 모습이다.
 "요즘 건강은 좀 어때?" 하고 물어보면,
 "응, 지난주에 이삿짐을 나를 때, 냉장고를 등에 업고 이동하다가 허리를 삐끗해서 OO정형외과에 일주일 동안 입원했다가 어제 퇴원했어."
 이런 비슷한 대답을 수시로 듣는다.
 일을 놓자니 생계가 막막하고, 계속하자니 몸이 견디지를 못하고, 이러지도 저러지도 못하는 형편이라고 한다.

 오랜만에 초등학교 친구들이 모여 야유회를 하는 날, 그 N 친구를 보며 다른 친구들이 수군댔다.
 "저 녀석, 일이 힘들기는 힘든가 보네. 벌써 보청기를 꼈어."
 쳐다보니 귀에 무언가를 끼고 있는 것이 확실했다.
 나중에 둘만이 있게 되었을 때 조심스럽게 물어보았다.

 "보청기는 언제부터 사용한 거야?"
 "뭔 보청기?"
 "귀에 끼고 있는 건 뭐야?"
 "아, 이거? 무선으로 송수신되는 최신형 휴대폰이야."

"아이고, 다행이네. 난 보청기인 줄 알았지."

이삿짐을 운반하다 보면 휴대폰이 울려도 바로바로 받을 수가 없어서 귀에 꽂고 통화를 할 수 있는 최신형 휴대폰으로 바꿨단다. 그러고 보니, 그 친구가 우리들보다 훨씬 앞서가고 있었던 셈이다.

암튼, 친구들은 그 친구가 안쓰러워 잠시 의심을 했던 거고, 아직 귀에는 별 이상이 없다니 참으로 다행한 일이다.

나도 요즘 잇몸 치료를 받고 있다. 상태가 조금만 더 악화되면 임플란트를 해야 된다고 한다.

이제, 우리 모두는 틀니든 보청기든 하나도 어색하지 않은 나이가 되었다. 지극히 당연하게 받아들이고는 있지만, 왠지 쓸쓸해지는 마음은 감출 수가 없다.

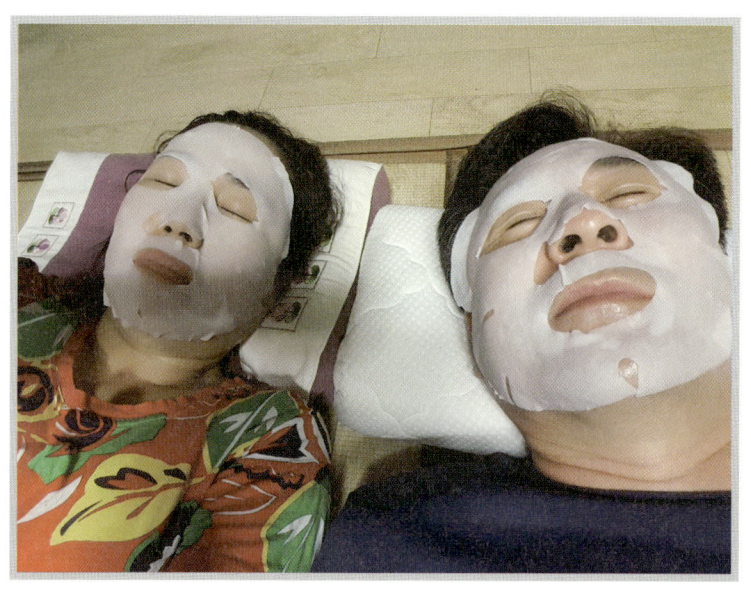

특별한 경험
- 입원을 하고 퇴원을 했네 -

주변 사람들로부터 속이 안 좋다는 말을 자주 들어 봤다.

소화가 안 되어 거북스럽고, 밥을 많이 먹어서 더부룩하고, 술을 많이 마셔서 속이 쓰리다는 둥, 이런저런 이유로 아프고 불편하다는 하소연들을 나는 이해하지 못했다. 여태껏 그런 증세를 한 번도 겪어 보지 않았기 때문이다.

그러나 한 치 앞을 내다볼 수 없는 것이 '인간사'라는 듯, 어느 날 새벽녘에 뱃속의 창자를 억지로 끊어 내는 것 같은 통증이 왔다.

전날 저녁에 과식한 것도 아니고, 그렇다고 심하게 술을 마신 것도 아닌데(나는 아예 술을 입에도 안 댄다) 자가 판단으로 원인 불명의 통증이었다. 증세는 심한 복통과 함께 5분을 넘기기 힘들 정도로 잦은 혈변을 동반한 설사였다.

땅기는 배를 움켜쥐고 동네 전문병원에 가서 진찰을 받았다. 의사의 지시에 따라 옆으로 누워 이상한 자세로 검진을 받았다. 의사는 심각한 얼굴로 지시에 가까운 입원을 권유했다.

"내가 미리 연락을 해 놓을 테니까, 지금 당장 대학병원으로 가서 입원하세요."

생각보다 상태가 위중한가 보다.

'몹쓸 난치병인가 보네? 아직, 할 일도 많은데…. 이를 어찌하지?'

불안한 마음이 긴 한숨으로 토해졌다.

동탄에 있는 H대학병원으로 가는 길, 배가 점점 더 아파 왔다. 너무 땅기고 아파서 안전벨트를 억지로 당겨 최대한 조이고 허리를 굽혀 상체를 최대한 웅크린 후, 고통을 참으며 주행하는데 그날따라 눈비가 섞인 진눈깨비가 많이도 뿌려졌다.

점점 더해지는 복통으로 견딜 수가 없어지자, 내 차 뒤를 쫓아오는 육중한 덤프트럭이 과속과 브레이크 파손으로 내 차를 뒤에서 덮쳐 교통사고라도 났으면 하는 생각까지 들었다.

진땀을 흘리며 동탄 H대학병원 응급실에 도착하니, 미리 연락해 둔 덕분에 곧바로 응급실로 안내되었다. 환자복으로 갈아입히고 하얀 침대에 눕히더니 일사불란하게 양 손목에 링거 줄이 길게 늘어진 비닐 팩을 좌우 손목에 4개씩 8개를 흥부네 지붕에 열린 박처럼 주렁주렁 달아놨다.

"이거 진짜 중병 아냐?"

근심과 걱정이 몇 가마니로 쌓이는지 가늠이 안 되었다. 꽂아 놓은 링거 숫자를 보니 바로 해결이 안 될 것 같은 예감이 들었다.

그 와중에 치료비와 입원비가 만만치 않을 것 같은데? 하는 염려까지 보태졌다.

밥도, 물도 안 주는 빨간색의 금식 팻말을 침대 위에 걸어놨다. 수액을 지속적으로 맞으니 이상하게 배는 홀쭉해졌는데 배고픔이 전혀 안 느껴졌다.

입원 5일째 밤. 내일 수술에 들어가니 속을 비워야 한단다. 전달된 물약을 마시고 온밤을 억지로라도 변기와 아주 친숙한 관계를 맺어야 했다.

다음 날 수술실로 이동되어 밑 터진 수술용 바지로 갈아입은 후, 배를 수술 침대 쪽으로 펑퍼짐하게 하고 납작 엎드리니 마취제가 들어간다고 간호사가 알려 준다. 얼마큼의 시간이 흘렀는지 모르지만, 한숨 자고 눈을 떠 보니 수술이 끝났다며 보충 설명이 이어진다.

"스트레스를 너무 많이 받아 장이 터졌습니다. 터진 부분 잘 봉합하고 마무리까지 잘 되었으니 큰 걱정은 안 하셔도 되겠습니다."

혹시, 대장암 같은 큰 병인데 안심시키려고 하는 말 아닌가? 모든 말이 곧이곧대로 들리지 않았다.

내가 입원하고 있는 병실은 일명 천당과 지옥의 갈림방이란다. 수술 후 암 병동으로 가거나 또는 퇴원 후 귀가 조치가 되거나 하는 일종의 대기소 역할을 하는 방이다. 대부분은 암 병동으로 가고 퇴원을 하여 집으로 돌아가는 환자는 몇 안 된다고 했다.

식사로 오랜만에 미음이 나왔다. 반찬은 심심한 간장 한 가지뿐이었지만, 음식을 먹는 행복감은 어느 것과도 비교할 수 없는 '대체 불가'의 감정인 것 같다.

다음 날 아침 회진 시간, 담당 교수님과 차트를 가슴에 꼭 안은 간호사 선생님이 출동하셨다. 나는 출입문에서 네 번째 자리에 있는 환자다.

첫 번째 환자,

"OO 님은 병실을 옮기셔야 합니다."

'아, 저분은 암 병동으로 가셔야 할 환자로구나.' 직감적으로 빠른 판단이 선다.

그 환자가 얼굴을 감싼다. 그리고 고개를 떨구며 묻는다.

"오래된 암인가요? 몇 기인가요?"

"아, 지금은 확정적으로 말씀드릴 수 없고, 자세한 것은 추적 조사를 더 해 봐야 확실하게 알 수 있습니다."

두 번째, 세 번째 환자도 퇴원 대신 병실을 옮겨야 한다는 최후통첩의 말씀이다.

드디어 내 차례다. 담당 교수님과 간호사 선생님이 저승사자로 보였다. 나도 병실을 옮겨야 하는 암 환자면 어떡하지?

짧은 순간이었지만, 걱정과 불안, 체념과 인생 포기의 생각으로 머릿속이 복잡해졌다. 만일 최악의 상황이 닥치면, 앞으로 이 어렵고 복잡한 과정의 시간을 어떻게 헤쳐 나가야 하나. 일각이 여삼추라고 했던가. 긴장과 초조로 심장이 타들어 가는 듯했다.

"양창성… 님은? 하룻밤 더 주무시고 죽 잡숫고 내일 퇴원하세요."

해방의 기쁨이 이 정도의 환희였을까. 아내와 함께한 결혼식 날이 이렇게 행복했을까. 인생 2막이 전개되고, 새롭게 덤으로 살아갈 수 있는 행복의 문이 활짝 열리는 순간이 바로 그 순간이었다.

종교는 없지만, 하느님, 부처님, 공자님, 그리고 부모님….

지금까지의 내 인생에 함께한 아니, 잠깐 스쳐 간 사람들에게까지도 감사한 마음이 들었다.

그때부터 지금까지 쭈욱 그 마음으로 살고 있다.

8부
흐르는 강물처럼

봄의 예찬

완연한 봄기운 탓일까.

지척을 분간하기도 어려운 여명 전의 등산로를 수십 명의 등산객들이 오르고 있다.

사람들보다도 더 부지런한 새들이 재재재재 명랑하고 쾌활하게 지저귀며 인사를 한다. 아니면, 저희들의 영토를 침범한 인간들에게 보내는 경고음일지도 모르는 일.

가장 먼저 피어나는 생강나무는 산수유를 닮은 노란 꽃잎을 함박 피워 낸 지 오래, 이제는 진달래가 여기저기 눈에 띈다.

다른 나무들도 엄동설한 북풍한설을 이겨 내고 푸르스름하게 새싹을 피워 올리고 있다. 아직 때 묻지 않은 저 순하디순한 푸르름이여! 누가 저리 곱게 온 산야를 채색했을까.

매년 봄의 시작은 새롭고 또 경이롭다.

해마다 보는 산벚꽃이지만 눈과 정신줄까지 홀리고, 떠오르는 햇빛을 바라보며 움트는 나뭇잎의 어린 싹들은 장엄한 마술쇼와 같다.

망망한 발안 평야에서부터 불어오는 바람결에 서봉산의 솔잎 부딪치는 소리, 은은하게 풍겨 오는 그 향기.

하루하루 꽃봉오리 속에서 꽃망울 터지는 소리.

검게 뻗어 나가고 제멋대로 펼쳐진 나뭇가지에서 어쩜 저리 연하고 깨끗한 싹들을 밀어 올리는지, 위대한 자연 앞에 저절로 겸손해지는 자신을 발견하곤 한다.

자연은 오랜 세월 한자리를 지키며, 사계절 나뭇잎 하나만으로도 시시각각 총천연색 파노라마를 연출해 내는 데 비해, 만물의 영장이라 자부하는 인간들은 그에 비하면, 왜 그리 궁색해 보이고 초라해 보이는지.

아무런 욕심 없이, 세파에 찌든 몸과 마음을 내려놓고 힐링할 수 있는 이 숲에 감사함을 느낀다.

눈도 귀도 정화한 채 오직 평온한 마음으로 걸을 수 있는 이 시간이 정말 소중하고 행복하다.

천상의 낙원이 따로 있을까. 바로 여기가 천국이지.

모쪼록 사람들의 발걸음이 갈수록 늘어난다 해도, 더 이상의 자연 훼손이 없이 이대로 유지되기를, 그래서 우리가 마음껏 누리고 행복을 누릴 수 있기를 바라며 밝아 오는 하늘을 올려다본다.

아침 햇살을 받아 더욱 낭랑해진 새소리가 상쾌하고 맑은 푸른 하늘로 흩어진다.

산을 오름

"이놈의 언덕은 단골도 몰라주네."

매일매일 십수 년을 다녀도 힘들고 숨차는 것은 변함이 없다.
다른 길을 찾아볼까 보다.
매일 새벽 서봉산에서 가장 길고 경사가 급한 언덕을 오르며 흔히 하는 푸념이다.

"새벽 등산?"
"새벽에 잠 덜 자고 그걸 왜 힘들게 해?"

주변 친구들에게 새벽잠 덜 자고 운동 겸 산에 가자고 했을 때 으레 돌아오는 말이다. 거의 돌아오는 답이라서 낯설지는 않다.
연중 비 오는 날만 제외하고 매일같이 산에 오르는 이유는 뭘까?
덥거나 춥거나 지치거나 힘들 때마저 괴로운 새벽 등산을 하는 이유가 뭘까?
영국의 유명 산악인 조지 말로리는 "산이 그곳에 있기 때문에 산에 오른다"라고 했다.
그런데 동네 뒷산이 그곳에 있는 것과 내가 새벽에 그 산에 오르는 것이 무슨 상관이 있는 것일까.

굳이 결론을 내리자면, 유명 산악인의 명언을 빌리지 않더라도 나 역시, 가까운 곳에 산이 있기 때문이다. 그 산이 강원도나 경상도에 있다면 턱도 없는 일이다.

건강 증진으로 생로병사를 논하기 전에, 좀 일찍 일어나 오르내리기 알맞은 위치에, 알맞은 높이와 알맞은 길이의 산이 있기 때문에 오르는 것이다.

이제는 새벽 등산이 습관적으로 굳어져 일상적인 운동이 되었다.

발끝에 밟히는 푸근한 흙길, 긴 세월 빗물에 씻긴 크고 작은 바위만 삐죽이 돌출된 지압판 같은 경사길, 그리고 제멋대로 흩날리고 쌓인 낙엽과 위를 보면 작은 솔잎 가지를 흔들며 지나치는 소슬바람과 긴 밤 지새우고 날이 밝음을 알리는 산새들의 지저귐… 등등을 어찌 사랑하지 않을 수 있으랴.

어제의 삶의 고통은 산 아래에 묶어 두고, 그 고통으로부터 한 발짝 벗어나게 됨은 찌든 삶으로부터의 또 다른 탈출구이며 아침에 맞이하는 새로운 희망이다.

시선을 조금만 돌려보면 집 주변에 넓고 작은 공원과 크고 작은 산들이 많다. 요즘 한참 유행하는 '오징어 게임'에서 참가 번호 1번 '깐부' 할아버지가 말했다.

"보는 것이 하는 것보다 재미있을 수가 없지."

어느 방향이나 시선을 두는 대로 공원과 산책로와 동네의 동산들이 있는데, 그냥 보고 지나치는 것은 아쉬움이 남지 않을까.

조금만 부지런을 떨면, 조금만 더 관심을 기울이면, 이런 좋은 조건의 환경들이 내 주변에 얼마든지 있다.

구태여 자동차를 타고 멀리 가지 않더라도, 비행기를 타고 먼 나라로 날아가지 않아도 말이다.

세입자가 맞네

"할아버지, 할머니! *%^?@-#….''

왔다는 것인지, 도착했다는 것인지, 일단 할아버지, 할머니 댁에 도착했음을 알리는 두 손주 녀석들의 인사다.

동시에 가쁜 숨을 몰아쉬며 현관 바닥에 철퍼덕 주저앉아 운동화를 가로로 세로로 벗어던지고 누가 먼저랄 것도 없이 우당탕탕 거실로 뛰어든다.

녀석들은 바빠도 보통 바쁜 게 아니다.

마치 제집인 양, 이 방 저 방 휘젓고 다니며 시끌벅적 존재감을 드러낸다.

이곳에는 저희들이 편한 대로 이름을 붙인 방이 세 개 있다. 아이들이 와 있는 동안에는 안방이고 침실이고, 우리들의 생활공간은 사라지고 없다.

하루 이틀 놀거나 자고 간 후, 녀석들의 장난감을 정리하고 보관해 놓은 '장난감 방'이 하나 있고, 푹신하게 매트리스를 펴고 놀다가 졸리면 낮잠도 자고 어둠이 깔리면 하룻밤 편안하게 잘 수 있는 '놀이방'이 있다.

그리고 할머니가 다용도로 사용하는 커다란 책상이 있는 서재는, 그나마 제 용도를 잃지 않고 녀석들의 '공부방'으로 활용된다. 이 공간에서 책을 읽기도 하고 그림을 그리기도 한다.

　상황이 이쯤 되고 보니, 할아버지의 침실은 녀석들의 장난감 창고로 둔갑을 하고, 할머니 방은 온갖 장난감을 늘어놓고 뭔가를 뚝딱뚝딱 만들기도 하고 서로 경쟁을 해 가며 제들 세상을 꾸미는 놀이방이 된다.

　어쩌다 녀석의 가족 전체가 몰려와서 하루 이틀 묵고 갈 때는, 할아버지는 침구를 싸 들고 다른 방 한쪽 구석을 찾아 이동해야 하고, 할머니는 두 녀석을 데리고 자느라 때아닌 불침번을 서야 한다.

　그래도 일시적인 잠자리 이동은 더할 나위 없이 낭만적이다.

　한적하게 살고 있는 노부부의 집에 아들과 며느리, 큰손자와 작은손자가 들이닥치면 현관문이 열림과 동시에 무질서와 소란은 덤으로 몇 묶음 딸려 들어온다. 하지만, 속없는 두 노인네는 할아버지와 할머니라는 이름으로 기꺼이 그 불편함을 감수하는 것이다. 아니, 어쩌면 오매불망 그런 상황을 갈구하는지도 모른다.

　어리다고 절대 방심하거나 허술하게 대하면 안 된다. 지난번 가지고 놀았던 장난감의 수량과 정리했던 위치와 방향을 기가 막히게 기억하고 있다.

　며칠 전의 기억에 의존해 조금이라도 달라진 게 있다고 생각되면 어김없이 항의와 불평이 빗발친다.

　"이게 아닌데?"

　아무리 기억력이 좋다고 해도 가끔은 두 녀석의 기억력에 오류가 발생해 서로 투닥투닥 논쟁을 벌이기도 한다. 이럴 때가 제일 난감하다. 서로 제 생각이 옳다고 편을 들어 달라고 응원을 요청하면, 한쪽 편을 들 수

8부 흐르는 강물처럼 · 317

가 없기 때문이다.

솔로몬의 지혜를 발휘해 두 녀석 모두를 만족시키기란 정말 어려운 숙제 중의 숙제다.

다행히 큰 녀석은 나이가 더 먹었다고 큼직한 장난감을 선호하고, 작은 녀석은 아직은 자잘한 소품을 더 좋아한다. 어쩌다 제 형 몫의 장난감 중에 특별하지도 아름답지도 않은 작은 것 하나를 득템한 작은 녀석은 하늘에서 예고 없이 떨어진 유성을 주운 것처럼 천진난만한 얼굴에 연신 함박웃음을 피워내며 마냥 행복해한다.

그 북새통에 큰 손주 녀석은 제 물건 챙기느라 몸이 바쁘고, 작은 손주 녀석은 행여 거저 제 몫이 하나라도 더 생기지 않을까 눈이 바쁘다.

얽히고설킨 게 가족이라더니, 손주 녀석들은 세대를 이어주는 완충제이며, 끈끈한 가족애를 유발하는 촉매제 같다.

식탁에 둘러앉아 식사할 때 해맑은 표정을 지으며 하는 말,

"할머니, 수원에 있는 집도 우리 집이고 향남에 있는 할머니 집도 우리 집이지?"

여기에 한술 더 떠서 쐐기를 박듯이 소유권을 명확하게 한다.

"그래서 할아버지는 내 장난감 방에서 자고, 할머니는 내 놀이방에서 자는 거지?"

꼼짝없이 우리 부부는 손자 녀석의 집에 얹혀살고 있는 세입자 신세가 되었다.

맞다. 물건도 공간도 죄다 너희들 것이다.

그래도 삼 대가 함께하는 식사 시간은 언제나 즐겁다.

할머니, 할아버지는 후손들의 재산을 빌려 쓰고 있는 세입자가 맞다.

품격

표현과 억양, 그리고 몸짓에 따라 전달되는 말(言)도 의도와는 달리 들릴 때가 있다.

바로 말에도 품격이 있기 때문이다.

지나가는 행인을 보고 저 사람은 "다리 하나가 짧네."라고 말하자, 옆에 동행하던 사람이 "어째서 다리 하나가 더 길다고 말하지 않느냐?"라고 나무랐다.

길다고 말하면 짧은 것이 저절로 드러나니 이는 동일한 말이 아니겠는가.

하지만, 이러한 표현은 이른바 입의 덕(口德)인 것이다.

타인을 살피거나 업무를 논의할 때 자신의 장점을 자랑하고 타인의 단점을 꼬집는다면, 그런 행동은 인간적 도리가 아니고 비겁한 것이다.

연암 박지원이 『사소절(士小節)』에서 말하기를,

귀가 먹어 들리지 않는 사람을 '귀머거리'라 하지 않고 '소곤대기를 즐기지 않는다'고 하고, 실명한 사람을 '장님'이라 부르는 대신 '남의 흠집을 살피지 않는다'고 하며, 혀가 굳고 목소리가 잠긴 사람을 '벙어리'라 부르지 않고 '남 비평하기를 좋아하지 않는다'라고 했다.

등이 휘고 가슴이 굽은 것은 '곱추'가 아닌 '아첨하길 좋아하지 않음'이며, 혹 달린 사람에게는 '혹부리'가 아닌 '중후함을 잃지 않았다'라고 했다.

일상에서도 자신보다 약자나 불편한 분을 앞서가기란 참으로 민망하고 송구한 일이다. 이러한 현상을 시대적으로 우회해서 표현하면 '앞서가기가 차마 어려워…'가 아닐까.

타인을 위한 배려는 좀 더 깊게, 행동은 조금 느리게 해야겠다는 생각이 든다.

홀로 길거리에 앉아 잔돈을 구걸하는, 남의 흠집을 살피지 않는 분이 동냥 깡통 앞에

"저는 실명하여 앞이 안 보입니다. 제발 도와주세요."라고 쓴 골판지를 놓고 자신의 처지를 알리고 있었지만, 사람들은 쳐다만 보고 그냥 스쳐 갔다.

다음 날 한 아가씨가 골판지 뒷면에 몇 자 적어 원래의 자리에 놓고 갔는데, 구걸 깡통에 계속 동전이 쌓이고 지폐까지 넣고 가는 기이한 현상이 일어났다고 한다.

글의 내용은,

"오늘은 참 아름다운 날입니다. 그런데 저는 그걸 볼 수가 없습니다."였다.

이게 바로 말의 품격인 것이다.

[참고:21.07.08.조선일보]

8·15 특사

아들을 결혼시켜 수원으로 살림을 내보냈다.

모든 부모가 그렇듯이 제 짝을 찾아 독립을 시키면 자식에 대한 모든 걱정과 근심은 끝이 나는 줄 알았다. 하지만, 그것 또한 큰 착각이고 오산이었다.

어느 작가가 말했듯이 부모의 인생은 자식의 인생을 포함해서 본인의 인생이라고 한 말이 맞는 것 같다.

물론 이것도 나에게만 해당되는 것이 아니라 모든 부모들에게 주어진 똑같은 사명이라면 사명이랄까.

2014년 5월 어느 날, 밤늦은 시간에 수원중부경찰서에서 연락이 왔다. 아들이 음주운전으로 경찰서에 들어와 있다는 것이다.

술을 마시지 않는 나로서는 어떠한 경우라도 음주운전은 용납이 안 되는 상황이었지만, 일단 자초지종을 알아보기 위해 경찰서로 향했다.

혈중알코올농도 0.1% 이상. 면허 취소 수준이었다.

머리끝까지 화가 치솟아 올랐지만 이미 벌어진 일, 딱 한마디만 하고 아들을 제집으로 데려다주었다.

"법을 어겼으면 죗값을 치러야지."

예상대로 면허가 취소되었고, 벌금 500만 원이 나왔다.

아들도 체질상 술에 그리 강한 편은 못 되는 것 같다. 두어 잔만 마셔도 금방 취했다. 다른 것으로 말썽을 부리거나 사고를 친 적은 단 한 번도 없었지만, 음주로 인해 휴대폰을 분실하기도 했고 가방을 택시에 두고 내리기도 했다.

그런 면에서는 일말의 내 책임도 있다는 생각이 들었다. 예부터 술은 어른 앞에서 배워야 한다는 말이 있지 않은가. 음주에도 예절이 있고 주법이 있는 법, 나는 그것을 아들에게 가르치지 못했다.

내가 안 마시니까 아들도 막연하게 술을 마시지 않았으면 좋겠다는 기대만 했을 뿐, 한 번도 음주 예법에 대한 이야기를 나누어 본 적이 없다.

대학에 가면서 성인이 되었고 여러 가지 제약에서 자유로워지다 보니 음주 버릇 또한 제멋대로 형성이 된 것 같다.

회사 동료들과 회식을 하고 분명히 대리기사를 불러 출발했단다. 그런데 언제 대리기사를 내리게 하고 제가 운전을 했는지 전혀 기억이 없다고 한다. 생각할수록 어이가 없고 기가 차 노릇이었지만, 더 큰 인사 사고로 이어지지 않은 것만도 다행이라 여기며 화를 다스렸다.

생각 같아서는 몽둥이라도 휘두르고 싶었지만, 저도 성인이고 부모 앞에서 완전 죄인이 되어 고개도 못 드는 것을 보니, 딱한 생각도 들었다.

그 일에 대해서는 죗값을 받으라는 말밖에는 야단도, 책망도, 단 한마디도 하지 않았으니 저로서는 더 죽을 노릇이었을 것이다.

약 두 달간의 유예기간을 거쳐 7월 1일부터 면허가 취소되었다. 1년 후에나 다시 면허시험을 볼 수 있으니, 아들 차는 본가에 끌어다 놓았다.

그러고 채 한 달이 지나지 않아 8·15 기념 특별사면이 발표되었다. 여러 분야에 걸쳐 경범죄나 초범자에 한해 사면이 이루어졌는데 아들도 초범으로 그 대상자에 포함이 되었다.

다행이다 싶으면서도, 마음고생이라도 더 해야 정신을 차릴 텐데, 하는 생각도 들었다. 암튼 아들은 8·15 특사가 되어 운전면허 취소가 사면되었고, 바로 면허를 다시 땄다. 하루라도 시험 일정을 앞당기고 싶어 대형면허에 도전해 '1종 대형면허' 소지자가 되었다.

그 후 10여 년, 지금까지 음주운전은 안 된다는 것을 철칙으로 지키고 있는 것 같다. 국민으로서 법을 준수하는 것은 지극히 마땅한 일이므로.

그 후로 우리 집에서는 아들에게 '특사'라는 별명을 붙여 주었다.

너는 너답게 나는 나답게

많은 사람들이 새해가 되면 새로운 각오와 다짐을 한다. 비록 작심삼일로 끝나 버릴지라도 그 순간만큼의 결심은 야무지고 절실하다.

금년엔 담배를 끊는다, 운동을 하여 살을 뺀다, 공부를 시작하여 자격증을 취득한다는 등등.

시작에 대한 공표는 잘하는데 지속이 잘되어 가는지는 확실하게 확인된 바가 드물다.

넓게 잡은 계획의 구상은 훌륭하지만, 깊게 파고들어 가는 과정은 거의 실패다.

계획에 관한 동기 부여를 오래 유지시키는 능력이 부족하기 때문이다. 그러니까 '시작'보다 '지속'의 뒷심이 떨어지는 까닭인 것이다.

각종 스포츠 대회에 출전하여 수상자의 명예를 쟁취하는 선수들의 공통점은 상대적으로 보통 사람들과 비교해 '시작'보다 '지속'하는 인내의 능력이 뛰어나다는 것이다.

'탁월함'보다는 '꾸준함'의 결과다.

시작보다 지속함의 능력이 뛰어난 사람들은 어떤 상황에 처했을 때, 변화와 전환을 시키는 잠재적 능력이 있다는 것이다. 견디기 어려운 고통의 '지겨움'을 '편안함'으로 받아들이고, '무한 반복'을 '잦은 익숙함'으로 바꿔 생각하는 것이다.

　운동과 학습은 고통과 지루함 그리고 견디기 어려운 인내심을 요구하는 공통의 과제인 셈이다. 하지만 임계점을 넘게 되면 그것은 서서히 익숙함으로 변환된다.

　반복은 몸에 깊숙이 스며들어 세월이 흘러가도 습득한 동작들이나 기술 등은 몸이 먼저 기억해 내는 것이다.

　사람들과의 관계에서도 가치성을 극대화하여, 지루함이 아닌 친밀감을 느낄 수 있는 감정을 유지하도록 지속적으로 노력해야 한다. 지겨움이 계속되면 고통이지만, 익숙함이 유지되면 안락함이 느껴진다.

　단계별로 보상을 요구하거나 요청하면 직업이지만, 보상이 없이도 진행되고 작동한다면 그것은 습관이다.

　시작은 반이 아니다.

　시작은 오랜 생각 끝에 내려진 '지속될 일의 시작점'일 뿐이다.

　1등만 원하는 인간사에서도 멈추거나 쉼 없이 몸에 스며든 감정이나 행동을 지속적으로 유지하는 것이 중요하다.

　꼴등이면 어떠랴.

　그것 또한 순위를 벗어난 하나의 행위로 치부하면, 지속을 유지하는 탁월한 스킬(?)의 소유자일진대, 굳이 그러한 능력을 상대를 내세워 서로 경쟁을 하여 순위를 정할 필요는 없는 것이다.

　'너는 너의 일을 너답게, 나는 나의 일을 나답게' 자부심을 가지고 하다 보면, 그래서 그 기술이 궁극에 이르면 예술이 되는 것이다.

　예술이 뭐 별건가.

염색(染色)

"염색 좀 하세요."

측근들이 부쩍 성화를 부린다. 나이보다 더 늙어 보인다나.

아니, 그럼 이 나이에 머리카락이 그렇지, 뭐. 누구는 별다른가? 스판덱스 기능이 좋고 통이 넓어 편안한 청바지를 입어도 연식 높은 아저씨 같다며 비아냥대니, 이거야 원….

하긴, 거울 속에 비치는 희끗희끗한 반백의 머리카락을 볼 때면 나 스스로도 썩 유쾌하진 않다.

아비와 남편이 조금이라도 젊어 보였으면 하는 마음을 한사코 꺾기가 뭣해서 아내가 장만한 염색약을 몇 번 머리에 문질렀다. 너무 까맣게 물이 들면 더 부자연스럽겠지?

두려움과 염려가 은근히 부담감을 키운다.

하지만, 문지르는 횟수를 거듭할수록 점점 인생이 뒷걸음쳐지는 듯한, 머리카락의 변화에 만족감이 솟구친다.

"오~ 이럴 수가…?"

검은색이 점점 노년의 희망 색으로 보이는 이 상황은 뭐지?
변신, 변화, 시대의 적응력인가?

아니다. 관심적 가꿈이다.
동식물들도 계절에 따라 변화하는 겉모습에 적응하듯, 하물며 사람도 이에 동조함이 옳지 않겠는가.
실력으로 상대방을 이기지 못하면 반칙을 써서라도 상대방을 이겨야 한다고 생각하는 위인들이 있다. 그들은 반칙도 실력이라는 궤변 따위로 자기를 합리화한다.
하지만 염색은 반칙이 아니지 않은가?
나에 대한 도리, 책임, 애정, 예의 등을 차치하고서라도, 지극히 합당한 '가꿈도 실력'이라는 생각이 자꾸만 드는 것은 이 또한 나를 변호하기 위한 합리화인가?

건강에는 선수가 없다

운전과 건강에는 선수가 없다는 말이 맞다.

평소에 건강에는 자신이 있다고 믿었다. 술과 담배를 하지 않는 데다가 4, 50대까지는 조기 축구와 마라톤을 열심히 했다. 축구와 마라톤이 체력적으로 조금 부담스러워진 60대에 들어와서는 나름 신경을 써서 새벽마다 산행을 하고 있었기 때문이다.

그러니 병원 신세를 질 일이라고는 내 평생에 없을 줄 알았다. 하지만 그 생각은 나만의 생각이었을 뿐, 병원에 입원하여 치료를 하는 사건(?)이 세 번씩이나 발생했다.

2019년 12월.

어느 날부터 갑자기 설사를 했다. 음식을 잘못 먹은 것도 아닌데 배가 끊어질 듯이 아프고, 그 증세는 며칠이 지나도 멈추지를 않고 심지어 혈변까지 동반했다.

동네 내과에 갔더니 얼른 큰 병원으로 가보라고 했다. 대학병원에 가서 검사를 해보니 스트레스로 인한 장 파열이라고 서둘러 입원을 하라고 한다.

하지만, 12월 말경이어서 한 해를 마무리하는 일로 눈코 뜰 새 없이 바쁜 터라 입원을 망설일 수밖에 없었다. 며칠 미루면 안 되겠냐고 물으니 당장 입원 치료를 해야 한다고 재촉을 한다.

하는 수 없이 일을 뒤로 미루고 입원을 했다. 큰 병원에 가면 왜 그렇게 이런저런 검사를 많이 하는지, 그게 더 죽을 지경이었다. 암튼, 금식을 하고 링거를 주렁주렁 달고 하룻밤을 지나니 설사의 횟수가 줄고 혈변도 멈췄다.

마음 같아서는 당장이라도 퇴원을 하여 여러 가지 연말 정산 처리를 하고 싶었지만, 병원에 갇힌 신세이다 보니 마음만 바쁠 뿐이었다. 그때만 해도 입원실에 방문이 가능할 때라 어찌어찌들 알고 병문안을 오는지, 옆 사람에게도 미안할뿐더러 무엇보다 내가 충분히 휴식을 취할 수 없는 것이 제일 고통스러웠다.

계속 링거를 맞으니 배고픔은 못 느꼈지만, 옆 침대에 식사가 나오면 그 냄새에 밥이 먹고 싶어 미칠 지경이었다. 3, 4일을 굶고 나니 설사가 완전히 멈췄고 5일째부터 유동식이 나왔다. 그것만으로도 살 것 같았다.

6일째, 그날은 크리스마스이브이자 퇴원하는 날이었다. 아들이 와서 퇴원 수속을 밟고 드디어 집으로 돌아올 수 있었다.

처음으로 해본 5박 6일간의 병원 생활. 두 번 다시 경험하고 싶지 않은 악몽 같은 시간이었다.

2022년 7월.

짝수 연도 건강건진 대상자로 건강관리센터에서 검진을 받았다. 건강에는 원래 자신이 있다고 믿었던 터라 별로 걱정을 하지 않았는데, 오산이었다.

관상동맥에 큰 문제가 발견되었다. 세 개 중 하나만 괜찮고 하나는 70%, 또 하나는 50%가 막혔다는 진단이 나왔다. 급하게 한림대 동탄성심

병원에 입원해서 재검사를 받았다.

불행 중 다행으로 70%가 50%로, 50%가 45%로 결정됨에 따라 스텐트 시술은 받지 않아도 되었다. 하지만 그때부터 지금까지 3개월에 한 번씩 내원하여 처방을 받고 3년이 지난 지금까지 지속적인 관리를 하고 있다.

3박 4일 동안 두 번째 입원을 하고 보니 차츰차츰 건강에 자신이 없어져 갔다.

이제 나도 완전히 노년이 되어 가나 보다. 자연스럽게 받아들이려고 노력은 하지만, 솔직히 문득문득 서글픔이 밀려온다.

2024년 5월.

너무나도 급작스럽게 세 번째 입원을 했다. 대상포진 예방접종을 하고 부작용이 왔다. 지금까지 그 예방접종을 하고 나서 부작용에 대한 사례나 논문은 전혀 없다고 한다. 하지만, 내겐 그 증세가 심하게 왔다.

접종 이튿날부터 기운이 빠지고 무기력해졌다. 갑자기 더워진 날씨 탓인가 하고 하루를 더 버티니 그때부터는 시각에 문제가 왔다. 모든 색이 눈이 부시게 빛나다 못해 형광색으로 보였다. 하루가 더 지나니 완전히 나이트클럽의 사이키 조명처럼 현란한 빛이 눈앞에 아른거리기 시작했다. 음식도 못 먹고 심지어 심하게 구토까지 났다.

예방접종을 맞은 의원의 원장님이 놀라서 119구급차를 불러 응급실로 가라고 권했다. 119구급차는 10분 만에 왔지만, 의료 대란이 일어나고 있던 때라 받아주는 병원이 없었다. 늘 다니던 동탄 한림대병원에서 거절을 당하고 빈센트병원에 문의했지만 역시 거절을 당했다. 그래도 다니던 병원에 부탁을 해보라고 한다.

다시 한림대병원에 사정을 해서 밤 11시에 간신히 응급실에 들어갔다.

그곳에서 내과, 순환기, 호흡기, 혈액까지 밤새 검사를 하고 이튿날 '급성 빈혈'이라는 최종 진단이 나왔다. 빈혈 수치가 12 이상이어야 정상인데 8 이하로 떨어졌다고 한다. 어느 병원에서도 예방접종 후유증이라는 말은 하지 않고 '그럴 가능성도 배제할 수는 없다'라고 얼버무린다.

암튼 수혈을 2팩이나 하고 간신히 구토가 멎었다. 여전히 금식, 링거로 식사를 대신했다. 사흘째 되는 날엔 시야가 정상으로 되돌아왔다. 병원에 오니까 모든 것이 제자리로 돌아가긴 한다.

나흘째, 멀건 미음 반 공기에 반찬이라고는 딱 간장 하나. 그것도 감지덕지하게 받아먹고 퇴원을 했다. 그사이 5kg이 쭉 빠졌다.

누렇게 변한 얼굴색이 몇 달이 지나자 서서히 혈색이 돌기 시작했다. 내가 봐도 흰머리가 부쩍 늘었고 그 짧은 사이 폭삭 늙었다. 체중은 조금 올라왔지만 1년이 지난 지금까지도 원래의 몸무게로는 돌아오지 못했다.

지금은 일상생활에 지장은 없지만, 건강에 자만해서는 안 된다는 것을 절실히 깨닫고 있다.

언제, 어떤 증세로 또 나를 병원으로 몰고 갈지 모르기 때문이다.

바라건대, 오래 사는 것이 목적이 아니라, 언제가 됐든 그날까지 건강하게 살다 가기만을 바랄 뿐이다.

금일 경과 보고

2022년 6월.

정부에서 무료로 시행하는 짝수 연도 건강검진의 해이다.

이쯤에서 뇌혈관과 관상동맥 정밀검사를 받아보는 게 어떠냐고, 아내가 넌지시 의중을 묻는다.

한마디로 No. 나는 술과 담배를 전혀 하지 않고 아침마다 산에 오르므로 그때까지만 해도 건강에는 자신이 있다고 믿었다.

하지만, 아내가 집요하게 '밑져야 본전' 아니냐며 설득을 하는 바람에, 못 이기는 척 그렇게 하기로 했다. 만만치 않은 옵션 비용을 들여가면서까지 아무런 증세도 없는데 꼭 그럴 필요가 있는지, 내심 못마땅했다.

결론은 그 검사를 안 했더라면 큰일 날 뻔했다는 것이다.

뇌 MRI, MRA 그리고 심장 초음파와 MRI 결과 조금은 심각한 유소견이 나왔기 때문이다.

X-ray 사진 판독 결과, 뇌혈관에 희끗희끗 자신도 모르게 앓고 지나간 뇌졸중 흔적이 대여섯 군데가 보였다. 정말 전혀 예상하지 못했던 결과였다.

이것보다 더 심각한 것은 심장 쪽이었다. 관상동맥 3개 중 1개만 정상이고 2개가 막혔다. 하나는 70%, 또 하나는 50% 정도가 막혔다고 대학병원에 가서 다시 한번 정밀검사를 해 보는 것이 좋겠다는 진단이 나왔다.

2022년 7월.

동탄 한림대 대학병원에 입원했다.

지난달, 건강검진 결과에 따른 정밀검사를 받기 위해서이다. 결과에 따라 스텐트 시술을 해야 할지, 다른 치료 방법을 찾아야 할지가 결정된다.

마음은 담담했지만, 건강에는 자신감이 아무 소용이 없다는 것을 절실히 깨달았다.

* 금일 경과 보고

- 오후 4시 침실 침대에서 1층 시술실 침대로 이동.
- 체내 혈관에 조영물 투입.
- 오른쪽 안쪽 허벅지 마취 후, 동맥 부분 절개.
- 로봇 내시경 출동.
- 혈관 40분간 영상 관찰 및 미세 사진 촬영.
- 담당 의사와 전문의, 인턴 1명, 간호사 2명이 사진 판독.
- 종합회의.

* 결론

- 당초 제출받은 영상 판독 시, 75%, 50%의 혈관 막힘으로 추정되었으나,
- 오늘 혈관 정밀 촬영 후, 확인한바 각각 45% 미만으로 최종 확인.
- 스텐트 시술로 인한 신체의 득보다는 실이 더 많을 것으로 판단.
- '동맥확장제'로 치료하는 것으로 최종 결정.
- 허벅지 동맥 절개 부분 지혈도 양호해서 내일 검사, 영상 설명 후, 오

후에 퇴원 결정 통보한다고….

　- 다행히 아직 시술 단계가 아니라고.

　- 오늘 바쁘고 긴장된 하루였지만, 조용히 책도 보고, 신체 건강이 최우선이라는 생각도 하고.

　- 창밖을 때리는 비를 보며 비멍도 하고….

　- 내일 환하게 귀가할게 ~♡

　그 후, 3개월에 한 번씩 대학병원에 내원하여 상태를 점검하고 약 처방을 받는다. 철저하게 관리를 하는 덕분에 일상생활에는 전혀 지장이 없다.

　이번 일을 겪으며 내 어록 하나를 추가한다.

　- 아내 말을 들으면 자다가도 떡이 생긴다 -

인생은 별거다

인생은 80여 년 내게 주어진 자유로운 삶의 쿠폰이다.

자유로울 수 있다는 사실만으로도 축복받은 것 아니겠는가.

세상에 나를 알리는 첫 울음으로 생을 시작하여, 삶이 종료되는 순간 타인의 울음으로 마감을 하는 것이다.

개개인의 인생이란 아무런 준비도 없이 스스로 개척하며 살아가야 하는 무한한 미지의 세계다. 이미 살아본 경험도, 지식도, 특별한 노하우도 없이 오로지 자신의 힘으로 설계하고 꿈을 그려 넣고 차곡차곡 제 발자국을 찍으며 걸어가야 하는 멀고 먼 항로다.

비가 오면 피하고, 바람 불면 멈추고, 추우면 쪼그리고, 더우면 옷을 벗으며, 온갖 희로애락을 온몸으로 견디며 살아가는 것이다.

자신의 삶은 자신이 들여다보기가 쉽지 않다. 하지만, 타인의 삶은 보기가 쉽다. 마치 축구 경기장 관중석에서 선수들이 뛰는 모습을 바라보는 것처럼 말이다.

일직선으로 뛰는 선수는 없다. 공을 드리블하며 진로를 방해하는 상대편을 따돌리고 균형을 분배하듯, 적절히 동료들과 공을 주고받는다. 함축된 전술과 기교는 몸에 기본기가 배어 있지 않으면 행사할 수 없는 기량이다.

축구 경기장은 정해진 규칙에 의한 선수와 관중, 그리고 심판으로 구성된 인생의 축소판이다. 이렇게 구성된 단체 속에서는 개인의 책임과 의무가 단체의 존립을 결정한다. 개인의 존재만 주장하고 단체의 룰과 규칙에서 이탈할 경우 그 팀이 정상적으로 유지될 수 없다는 것은 자명한 일이다.

이렇게 인생은 지극히 개인적인 플레이를 바탕으로 하면서도, 관계와 관계 속에서 유기적으로 조화를 이루며 또 다른 내 인생의 한 부분을 완성하며 흘러간다.

인생은 변주다.
그래서 더욱 재미있다.
재미있는 일은 시간이 빠르게 흐르며, 반대로 지루하고 재미없는 일은 시간이 더디게 흐른다. 과연 자신의 인생을 연애하듯 재미있게 누리는 것과, 억지로 하기 싫은 일을 하는 것처럼 힘겹게 보내는 것 중 어느 것이 더 보람되고 후회 없는 삶이 될까.

아무리 자신의 삶을 아름답고 즐겁게 가꾸어 나간다 해도, 누구에게나 시련의 시간은 있다. 비바람도 불고 뜨거운 태양에 타들어 가는 갈증도 있다.

하지만, 그 어려운 시련 앞에 무릎을 꿇거나 타협하지 않고, 굳고 곧은 갈매나무처럼 휨 없이 꼿꼿이 서서 버텨낸 우리들이 아니더냐.

계절을 이동하는 기러기를 봐라.
먼 거리를 날면서도 땅에 한 번도 발도 내려놓지 않고, 쉬지도 않고 발자국도 남기지 않는다.

땅에서 총총거리는 참새가 어찌 기러기의 꿈을 헤아릴까.

언제까지 살 수 있을지 알 수는 없지만, 삶의 지향점은 나이가 들수록 분명해진다.

무경계의 경지를 향하는 일.

이른 새벽에 일어나 시시각각 모습을 달리하는 꽃들과 나무들을 마주할 때, 첫 새벽의 신선한 공기를 들이마실 때, 쉴 새 없이 지저귀는 경쾌한 새소리를 들을 때, 그런 순간 속에 내가 있음을 온전히 느낄 때 무한한 행복감이 밀려든다.

자연과 사물과 나의 경계가 구분 없이 사라지는 것이다.

누구나 이렇게 별거인 자신들의 인생을 별거 아니게, 평범하게 갈무리를 하며 살아간다.

이제, 좁고 가파른 계곡을 달려와 너른 평지에 다다른 강물처럼, 그렇게 여유 있고 고요하게 흘러가고 싶다.

그것이 나의 남은 삶의 유일한 바람이자 지향점이다.

"모든 생명체에서 자신의 모습을 보게 될 때
그때 비로소 인생을 이해할 수 있다."

– 레프 톨스토이, 『살아갈 날들을 위한 공부』 중에서

가족 여행

온 가족이 처음으로 함께 여행을 떠났다.

명색이 올해 내가 칠순이 되는 해여서 아들 내외가 이벤트를 준비한 모양이다. 온 가족이 처음으로 함께 떠나는 여행이니만큼, 이왕이면 해외로 한번 가보자고 한다. 가족의 구성원은 노부부 두 명, 두 아이를 둔 젊은 부부 두 명, 여덟 살, 다섯 살 난 손자 두 명, 모두 여섯 명이다.

여러 가지 조건과 상황을 고려해 베트남의 푸꾸옥으로 정했다. 아이들을 동반하니 아무래도 아이들과 함께 즐길 수 있는 곳으로, 요즘 핫하게 부상하고 있는 푸꾸옥이 좋을 것 같다는 결론을 내렸다. 모든 일정은 여행 플랜 전문가인 며느리가 맡아서 했다.

아무래도 적지 않은 인원이 움직여야 하니 그 경비가 만만치 않을 것이다. 당연히 저희가 부담할 거라고 아들 내외가 큰소리는 치지만, 아마 머리를 맞대고 이리저리 계산이 참 복잡했을 것이다.

아내는 어떻게 진행되는지 조금 더 지켜보다가 모든 경비를 우리가 부담할 계획이라고 살짝 귀띔을 한다. 설 명절에 집에 내려온 며느리가 여행 날짜와 스케줄을 설명했다. 덧붙여 하는 말,

"베트남이라고 생각보다 저렴하지가 않네요."

"그럼, 우리가 얼마 정도 보태줘야 하니?"

"아니에요. 무슨 말씀을? 우리가 전부 부담할 거예요. 아버님 칠순 기념이잖아요."

아내가 장난삼아 며느리와 신경전을 벌인다.
나는 아들과 며느리의 마음을 조금이라도 빨리 편하게 해주고 싶어 조바심이 났다.

"경비는 걱정하지 말아라. 엄마가 다 대기로 했다."

그 순간, 아들과 며느리의 눈이 반짝하더니 얼굴이 환하게 밝아졌다. 아내는 미리 말했다고 살짝 눈을 흘겼지만, 아내 역시 그 모습을 보고 나와 똑같은 느낌을 받았었나 보다.

"진즉부터 그 경비는 우리가 대기로 아버지와 이미 얘기가 다 됐던 거야."

아들은 좋으면서도 조금은 민망한 표정을 지었고, 며느리는 눈물까지 글썽이며 감사하다는 말을 하고 또 했다.
아이 둘을 키우며 저희들 먹고살기도 빠듯할 거라는 걸 왜 모를까.

날짜가 다가오자 조금은 설레기도 했다. 여행은 이렇게 기다리는 시간이 더 행복한 것 아닐까. 아이들도 여행의 기분이 느껴지는지 장난감이랑 애착 소품 등을 가져가겠다고 주섬주섬 꺼내 놓는다.
드디어 D-day다. 출국 심사를 마치고 탑승을 기다리는 두어 시간이 정말 행복했다. 여섯 시간 남짓 날아가 드디어 도착한 푸꾸옥.

한겨울에 떠나 도착한 남국은 정말 천국이었다. 열대지방이긴 하지만 그곳도 계절은 겨울이어서 아주 무덥지도 않고 물놀이를 하거나 관광지를 돌아보기에 최적의 날씨였다.

여덟 살 큰 손주에게 물어보았다.

"뭐가 제일 하고 싶어?"
"바다에서 배 타고 누워 선글라스 쓰고 하얀 구름을 보며 아이스크림을 먹고 싶어."

어쭈! 제법 낭만을 아는데? 라는 생각이 들었다.
다섯 살 작은 녀석은 제 나이답게 엉뚱한 대답을 한다.

"원숭이 한 마리 잡아서 집에 데리고 갈 거야."

두 녀석의 대답에 모두 웃음을 터뜨렸다.
어른 네 명의 희망 사항도 제각각 달랐다. 나는 쉬엄쉬엄 쉬면서 멋진 사진이나 많이 찍어가겠다고 했고, 아내는 단 며칠이라도 일상에서 벗어나 오롯이 대접을 받고 싶다고 했다. 아들은 야자수 그늘에서 유유자적하며 몸과 마음을 힐링하고 싶다고 했다. 그동안의 직장 생활이 얼마나 빡빡했는지 눈에 훤하다.

여섯 명 중 제일 활기차고 신바람이 난 사람은 며느리다. 모든 스케줄을 기획하고 시간에 맞춰 일정을 진행시키느라 힘이 들 텐데도 그런 기색은 전혀 찾아볼 수가 없다. 그동안 PT로 다져온 몸매를 유감없이 발휘해 인생에 남는 화보를 찍겠다고 한다.

시간시간 옷을 갈아입고 해변으로 야자 숲으로 뛰어다니며 모델 코스프레에 여념이 없다. 그런데 그 모습이 전혀 거슬리지 않았다. 오히려 생동감 있게 모든 사람의 기분에 맞춰 분위기를 살리는 모습이 보기 좋았다.

이번 여행의 결과는 모두가 대만족이었다.

마지막 날 밤, 온 가족이 호텔 테라스에 모였다. 차지도 뜨겁지도 않은 촉촉한 바람과 함께 남국의 풋풋하고 향기로운 꽃내음이 훅 풍겨왔다. 집에서는 가격을 고려해 아끼고 아껴 먹던 열대과일을 십분의 일 가격으로 원 없이 먹으며 즐겼던 며칠을 마무리하는 시간이었다.

적당히 피곤한 나른함 속에 만족감과 약간의 아쉬움, 그리고 긍정적으로 충전된 에너지를 피부로 느끼며 째깍째깍 짧아지는 여행지의 마지막 시간을 만끽하고 있었다. 그리고 서로서로 덕담 한마디씩을 나누며 일정을 마무리했다.

"그동안 여행 기획하고 진행시키느라 수고 많았다. 덕분에 아주 행복한 시간을 보냈구나. 고맙다."

"아니에요. 아버님, 어머님 덕분에 저희가 아주 즐거웠어요. 감사합니다."

떠나오는 날까지 일주일 남짓의 휴가가 무리라며 회사를 걱정하던 아들이 우리들 이야기를 가만히 듣고 있더니 마지막으로 차분하게 이 분위기를 정리한다.

"자주 모실게요. 오래오래 사세요."

부록

■ 사회단체 경력사항

	년 월 일	단체명	직위	임명자
1	1979.11.~ 1980.06.	향남면 예비군중대	평리 소대장	대대장
2	1980.11.~ 1981.06.	사회정화위원회	위 원	위원장
3	1983.08.~ 1990.12.	향남면 예비군중대	소대장단 협의회장	대대장
4	2002.05.~ 2003.12.	향남읍 주민자치 위원회	위원	화성군수
5	2004.01.~ 2006.02.	향남읍 주민자치 위원회	위원장	화성군수
6	2005.01.~ 2007.12.	향남읍 방위협의회 운영위원회	운영위원장	향남읍장
7	2006.01.~ 2007.12.	향남읍 조기축구회	회장	회원
8	2006.01.~ 2010,12.	사)바르게살기운동 화성시 협의회	향남읍 위원장	협의회장
9	2006.01.~ 2007.12.	화성시축구연합회	상벌위원장	연합회장
10	2010.01.~ 2022.12.	화성시 측량협회	회장	회원

11	2010.01.~ 2011.12.	사)화성시자원봉사 센타 운영위원회	위원	이사장
12	2010.01.~ 2011.12.	국민권익위원회	위원	위원장
13	2010.05.~ 2011.05.	발안초등학교 총동문회	회장	총동문회
14	2011.01.~ 2012.12.	화성문화원	이사	문화원장
15	2011.03.~ 2012.12.	화성시 선거관리위원회	향남 위원장	선관위 위원장
16	2011.01.~ 2015.12.	화성시 민원조정 위원회	위원	화성시장
17	2011.01.~ 2016.08.	사)사랑노인복지센타	운영위원장	센터장
18	2013.01 ~ 2023.01.	효천 최해붕 장학회	사무국장	장학회장
19	2013.01 ~ 2015.12.	사)한국사진작가협회 화성지부	지부장	협회장
20	2013.01 ~ 2023.01	발안 신용협동조합 교도위원회	위원	이사장
21	2014.01 ~ 2019.12.	화성시 규제개혁 위원회	위원	화성시장
22	2016.10 ~ 2020.12.	화성시 공유토지분할 위원회	위원	화성시장
23	2017.03 ~ 2019.02.	화성고등학교 운영위원회	지역위원	학교장
24	2016.01 ~ 2024.12.	향남읍 지역발전협의회	부회장, 위원	협의회장
25	2017.04 ~ 2019.12.	화성시 지역발전협의회	향남지역 위원	협의회장
26	2017.05 ~ 2018.12.	서해선 고속화물열차 지하화 대책회	공동위원장	위원회
27	2017.07 ~ 2020.12,	화성시 규제개혁위원회	위원	화성시장
28	2019.09 ~ 2025.현재	민주평화통일 화성시 자문위원회	위원, 감사	대통령
29	2023.01 ~ 2025.현재	효천 최해붕 장학회	회장	회원
30	2024.12.~ 2025.현재	화성시의회 도시건설위 자문위원	부회장	시의회의장

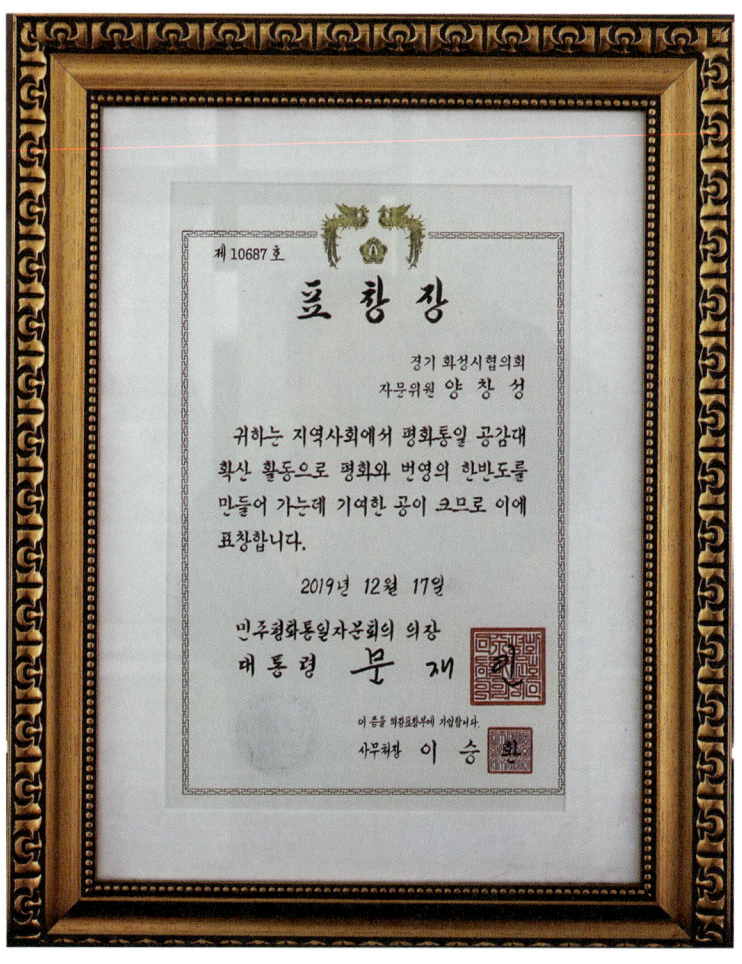

▣ 표창장

	년 월 일	기관	수여자	비고
1	2001.02.19.	화성군	군수	화성군 건설 기여 공로
2	2003.01.21.	화성시	시장	화성시 건설 기여 공로

3	2003.12.21.	발안신용협동조합	이사장	지역발전 유공
4	2004.10.25.	화성시체육회	체육회장	체육발전 기여
5	2004.11.17.	국회의원	안병엽	화성시 발전 기여
6	2006.12.29.	경기도	도지사	모범 도민
7	2007.12.31.	화성시	시장	모범 시민
8	2008.05.12.	국민생활체육 경기도 축구연합회	연합회장	축구 발전 유공
9	2012.01.01.	국회의원	김성회	지역사회 발전 유공
10	201.02.11.	사)사진작가협회 경기도 협의회	협의회장	사진문화예술 발전 유공
11	2012.09.21.	화성시	시장	노인복지시설 발전 유공
12	2012.07.26.	경기도	도지사	세계요트대회 유공
13	2014.02.06.	화성시의회	의장	지역사회발전 유공
14	2015.09.12.	국회의원	서청원	지역사회 인적자원 유공
15	2015.12.28.	민주평통 화성시 협의회	협의회장	지역사회발전 유공
16	2016.02.20.	경기도의회	의장	지역사회발전 특별 공로
17	2017.12.22.	화성시의회	의장	민주평화통일자문위원회 발전 유공
18	2019.00.01.	경기도	도지사	지역사회 발전 유공
19	2019.12.17.	대한민국	대통령	민주평화통일자문위원회 발전 유공
20	2020.11.16.	경기도의회	의장	민주평화통일자문위원회 발전 유공
21	2021.12.22.	민주평화통일자문위원회 화성시협의회	협의회장	동일의지 결집활동 유공
22	2023.11.14.	화성투데이	대표	정조대상-문화예술 발전 유공
23	2023.12.31.	화성시	시장	지역사회단체 발전 유공
24	2024.02.04.	사)한국사진작가협회 경기도지회	지회장	경기도 사진문화예술 발전 유공
25	2025.02.26.	화성시	시장	지역사회교육 발전 유공

▣ 공로패

	년 월 일	기관	수여자	비고
1	1991.06.09.	향남 조기축구 새벽회	회장	조기축구 발전 유공
2	1995.07.02.	향남 조기축구 새벽회	회장	조기축구 발전 유공
3	2001.06.03.	발안초등학교 총동문회	회장	동문회 발전 기여 공로
4	2006.03.08.	향남면 주민자치위원회	위원 일동	지역사회 발전 유공
5	2006.03.08.	향남면	면장	지역사회 발전 유공
6	2008.01.31.	향남읍	읍장	지역사회 발전 유공
7	2008.12.19.	향남읍 방위협의회	회장	방위협의회 발전 유공
8	2012.04.29.	발안초등학교 총동문회	회장	동문회 발전 기여 공로
9	2016.02.25.	사)한국사진작가협회 화성지부	지부장	협회 발전 유공

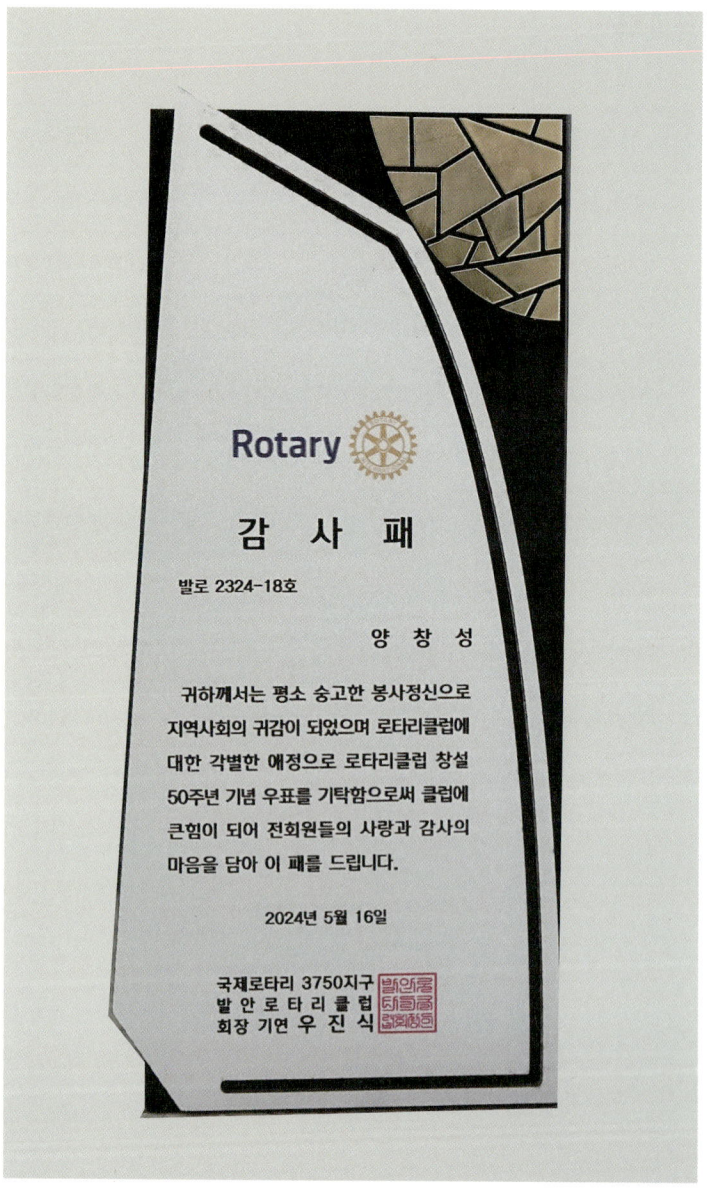

▣ 감사패

	년 월 일	기관	수여자	비고
1	1991.04.21.	발안초등학교 초우회	회원 일동	동창회 발전 유공
2	1992.06.13.	청운회	회원 일동	회원 친목도모 유공
3	1997.12.24.	발안초등학교 초우회	회원 일동	동창회 발전 유공
4	1998.01.16.	발안초등학교 초우회	회장	동창회 발전 유공
5	1998.01.19.	향남 민간자율기동순찰대	운영위원장	모범 순찰대원
6	2000.04.20.	송탄 남부 전원교회	당회장	건축 지원 유공
7	2006.02.05.	발안초등학교 초우회	회원 일동	동창회 발전 유공
8	2006.03.08.	향남면 이장단 협의회	회장	지역사회 발전 유공
9	2006.06.04.	발안초등학교 총동문회	회장	동문회 발전 유공
10	2022.02.09.	향남 지역발전협의회	회장	지역발전 유공
11	2019.05.01.	발안초등학교 초우회	회원 일동	동창회 발전 유공
12	2024.05.16.	발안 로터리클럽	회장	우표 기탁

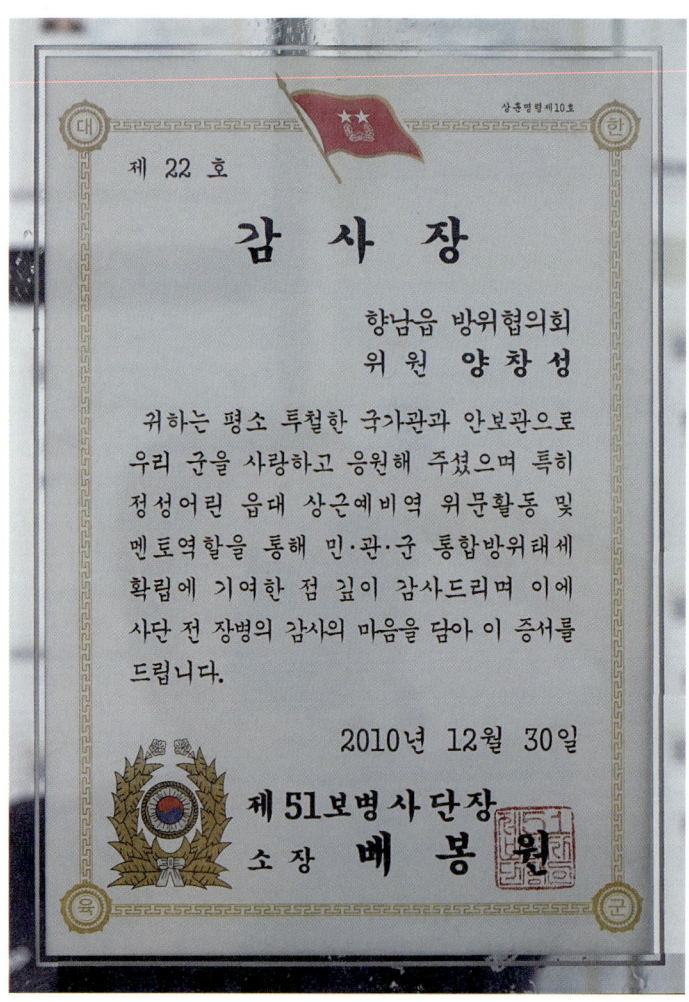

◼ 감사장

	년 월 일	기관	수여자	비고
1	2000.05.05.	송탄 남부교회 신도회	회원 일동	성전 설계 공로
2	2002.12.23.	향남면 민간기동순찰대	대장	모범 대원
3	2007.12.08.	사랑노인복지센터	센터장	후원 봉사
4	2008.12.18.	육군 제3075부대	부대장	방위협의회 발전 유공
5	2010.07.06.	발안 해병전우회	회장	지역사회 발전 유공
6	2010.12.20.	보병 제51사단	사단장	지역방위 공로
7	2010.12.30.	제51 보병 사단	사단장	방위협의회 발전 유공
8	2017.12.12.	육군 제3075부대	대대장	민·군 향토방위 태세 확립 기여
9	2017.12.25.	장안교회 신도회	신도 일동	성전 설계 공로
10	2022.12.12.	화성 서부경찰서	서장	모범 시민
11	2025.01.24.	(사) 화성특례시 측량협회	회장	협회 발전 유공

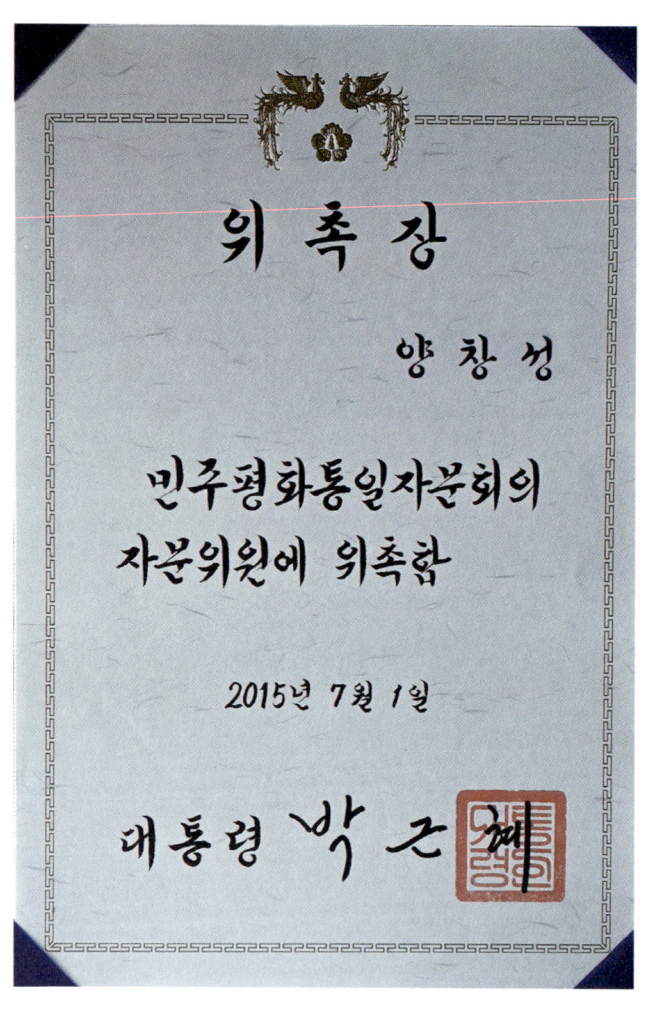

▣ **위촉장**

	년 월 일	기관	수여자	비고
1	2004.11.30.	화성경찰서	시위·집회 자문위원	향남지역 위원
2	2010.01.10.	화성문화원	원장	이사

3	2010.06.04.	화성시 자원봉사센터	이사장	운영위원
4	2010.11.16.	국민권익위원회	위원장	명예 국민상담위원
5	2011.01.16.	화성시 민원조정위원회	시장	위원
6	2011.01.20.	사)사랑노인복지센터	센터장	운영위원장
7	2011.03.05.	화성시 선거관리위원회	위원장	향남 위원장
8	2013.01.15.	사)한국사진작가협회	이사장	화성지부장
9	2013.01.20.	효천 최해봉 장학회	회장	사무국장
10	2013.01.20.	발안신용협동조합	이사장	교도위원
11	2015.07.01.	평화통일자문위원회	대통령	자문위원
12	2015.07.28.	화성시 규제개혁위원회	시장	위원
13	2017.03.29.	화성고등학교 운영위원회	학교장	운영위원
14	2017.04.25.	화성시 지역발전협의회	시장	심사위원
15	2017.09.01.	평화통일자문위원회	대통령	자문위원
16	2019.08.01.	화성시 제안심사위원회	시장	심사위원
17	2019.09.01.	평화통일자문위원회	대통령	자문위원
18	2021.09.01.	평화통일자문위원회	대통령	자문위원
19	2022.08.01.	화성문화원 임원관리위원	문화원장	선거관리위원
20	2023.09.23.	평화통일자문위원회	대통령	자문위원
21	2024.09.12.	화성시의회	의장	도시건설분과 위원

양창성, 황금모
사진전시회

양창성

황금모

날짜 : 2014년 12월 11일 ~ 20일

장소 : 발안만세시장內 갤러리 터

양창성  사)한국사진작가협회 화성지부 지부장

황금모  사)한국사진작가협회 화성지부 기획간사

제2회 **양창성, 황금모**

사 진 전 시 회

양창성 　　　 황금모

날짜 : 2019년 9월 1일 ~ 30일

장소 : 발안만세시장內 갤러리 터

양창성 사) 한국사진작가협회 화성지부

 고문

황금모 사) 한국사진작가협회 화성지부

 섭외간사

제4회 평택국제사진축전
안 내

작가와의 작은 만남

2020년 10월 24일(토) 오후 2~5시
평택시 신장근린공원 야외 전시장 일대
(내비게이션 주소 : 송탄국제교류센터 주차장)

2020. 10. 12(월) ~ 11. 8(일) 28일간

개전식은 코로나19 예방차원에서 별도로 진행하지 않습니다

한국사진작가협회 평택지부에 베풀어주시는 배려에
항상 감사드리며 아주 이색적인 사진전시를
알려드리고자 합니다.

우리나라 최대 규모의 미공군지 탄약고가 있던 곳에 세운
상징적 건물과 공원 그리고 수십 년 전통시장의 빈 점포나 골목길 등에서
개최하는 초대형 야외 사진전시회입니다.
이미 외국의 대형 사진축전에서 보던 그 행사의 첫 출발로서
무려 1,500여 점의 사진이 만들어내는 장관입니다.
참여작가에게는 영예가 되고 지역에는 훌륭한 활력소가 될 것입니다.
코로나 바이러스 사태로 정식 초청을 못하지만 시간 나실 때
잠시 들러주시면 전시가 더욱 빛날 것입니다. 감사합니다.

2020년 10월

명 예 대 회 장
한국사진작가협회 이사장 **김 양 평**

대 회 장
한국사진작가협회 평택지부장 **황 길 연**

조직위원장 **이 수 연** / 운영위원장 **김 용 환**

평택지부회원 일동 올림

#1 - 가을 마실길에 나서다

부부 사진전

참여 작가
양창성   황금모
용환배   노소남
김성태   전진숙
이도형   이지윤

장소 : 카페 아르모니아
때   : 2022년 11월 1일 - 11월 30일

어둠은 빛을 잉태하고
빛은 결로 태어나
색과 그림자와 반영으로 태어난다
그 결을 따라
일렁이는 마음들이
가을 마실길에 나섰다
하나 더하기 하나의
하모니가 빚어낸 프레임 속으로
가을이 걸어 들어왔다

#2 - 봄바람 나다

부부 사진전

참여 작가
김성태 전진숙
양창성 황금모
용환배 노소남
이도형 이지윤

장소 : 카페 아르모니아
때 : 2024년 5월 1일 - 31일
주관/주최 : 사) 한국사진작가협회 화성지부

봄바람은
밖에서 부는 것이 아니라
안으로부터 회오리치며
마음을 풀어헤친다
주체할 수 없는
빛의 향연에
신들린 셔터의 몸짓

천천히 걸어도 되겠습니다

ⓒ 양창성, 2025

지은이_ 양창성

발행인_ 이도훈
펴낸곳_ 파란하늘
초판발행_ 2025년 8월 9일

사무실_ 서울시 서초구 법원로3길 19, 2층 W109호
　　　　(서초동, 양지원빌딩)
전　화_ 02) 595-4621, 010-6722-4621
팩　스_ 050-4227-4621
이메일_ flyhun9@naver.com
홈페이지_ http://dohun.kr

ISBN_ 979-11-94737-35-3　03810
정　가_ 20,000원